# ÉTUDE BIOGRAPHIQUE

SUR

# FRANÇOIS VILLON

D'APRÈS LES DOCUMENTS INÉDITS CONSERVÉS

AUX ARCHIVES NATIONALES

PAR

AUGUSTE LONGNON

PARIS

Henri MENU, Libraire-Éditeur

7, quai Malaquais, 7

—

M.D.CCC.LXXVII

# ÉTUDE BIOGRAPHIQUE

SUR

# FRANÇOIS VILLON

# AVANT-PROPOS

Parmi nos vieux poètes, il n'en est pas dont la destinée excite autant la curiosité que celle de Villon, l'écolier du xv͏ᵉ siècle. Cet auteur, en nous révélant quelques-unes des plus tristes circonstances de sa vie, semble pris dans son dernier ouvrage d'un si vif regret de « sa jeunesse folle, » ses sentiments sont exprimés d'une façon si touchante qu'on ne peut se défendre d'une certaine sympathie pour lui. On voudrait avoir des renseignements plus précis sur cette existence dont on ignore la durée, savoir enfin s'il était véritablement aussi coupable qu'on s'est souvent plu à le croire. Cette multitude de personnages qui défilent successivement dans les *Testaments* de l'enfant perdu, les allusions dont ils sont l'objet, intéressent non moins vivement et l'on se prend parfois à regretter que les éditeurs du poète n'aient pas songé à entourer ses œuvres d'un commentaire qui fît connaître les légataires de Villon; mais les éditeurs se seraient bien gardés de songer à une telle besogne : Marot n'avait-il pas déclaré, dès 1533, que pour comprendre « l'industrie des lays » de Villon, « il faudrait « avoir esté de son temps à Paris, et avoir congneu « les lieux, les choses et les hommes dont il « parle? » Il y avait donc, là, bon nombre d'énigmes dont la solution était à trouver : nous avons pensé que quelques-unes pouvaient être expliquées à l'aide des documents que le xv$^e$ siècle nous avait laissés et nous nous sommes résolument mis à l'œuvre, en consultant surtout les séries incomparables conservées aux Archives nationales. Nous n'avons pas trouvé sur Villon lui-même, les pièces que nous pensions sûrement rencontrer dans les registres du Parlement ou dans ceux du Trésor des Chartes; mais nous avons découvert des actes qui jettent une vive lumière sur certains points de sa vie ou de ses relations. Nos recherches sur les compagnons du poète et sur ses légataires, nous ont aussi fourni des renseignements, d'une importance capitale en certains cas pour la plupart d'entre eux.

Il y a bientôt trois ans, — à une époque à

laquelle nous étions loin d'avoir vu tous les documents qui nous semblaient de nature à pouvoir fournir quelques notes pour un commentaire des poésies de Villon, — nous avons consigné le résultat de nos recherches dans un mémoire, auquel le *Romania* [1] a ouvert ses colonnes. C'est en quelque sorte une nouvelle édition de ce mémoire, mais une édition revue, corrigée, considérablement augmentée, et accompagnée de nombreuses pièces justificatives, que nous offrons aujourd'hui au public.

[1]. *Romania, recueil trimestriel consacré à l'étude des langues et littératures romanes,* publié par Paul Meyer et Gaston Paris, tome II, p. 203, 236.

# I

## LE NOM DE VILLON

Le véritable nom de Villon. — Épitaphe qui donne à Villon le nom de Corbueil, ou plutôt Corbeil. — Maître François des Loges, autrement dit de Villon, le même que François de Monterbier. — François de Montcorbier, élève de l'Université de Paris. — Maître Guillaume de Villon, chapelain de Saint-Benoît-le-Bétourné, et Jean Flastrier, son neveu.

Les biographes de Villon se préoccupent tout d'abord de connaître son nom de famille, ou, comme on disait au Moyen-Age, son surnom. Pendant plus d'un siècle, cependant, on ne paraît pas avoir douté que *Villon* ne fût son véritable nom; mais il faut dire qu'au XVIᵉ siècle, les savants s'occupèrent peu du malheureux poète. La question apparut, pour la première fois, en 1599, dans ces paroles du président Fauchet : « Maistre François Corbueil fut « surnommé Vuillon pour les tromperies qu'il fit en

« sa vie, l'épitaphe duquel j'ay dans un de mes livres
« escrit à la main qui dit :

>Je sui Françoys, dont ce me poise,
>Nommé Corbueil en mon surnom,
>Natif d'Auvers emprès Pontoise,
>Et du commun nommé Vuillon.
>Or, une corde d'une toise,
>Sçaurait mon col que mon cul poise,
>Se ne fut un joly apel.
>Le jeu ne me sembloit pas bel [1].

Cette épitaphe, ou plutôt cette épigramme, au sens ancien du mot, semble, on le voit, n'être qu'une amplification du quatrain suivant :

>Je suis Françoys, dont ce me poise,
>Né de Paris emprès Ponthoise,
>Qui, d'une corde d'une toise,
>Sçaura mon col que mon cul poise,

qui se lit dans toutes les anciennes éditions de Villon.

Fauchet n'a pas converti tout le monde à son opinion. Le Père du Cerceau attaqua en 1723 avec une certaine vivacité l'authenticité de l'épigramme, en raison de l'entrelacement des rimes masculines et féminines qui s'y remarquent, et dont l'emploi régulier est bien postérieur, suivant lui, à Villon [2]; mais son objection tombe nécessairement si l'on

---

1. *Origines des chevaliers, armoiries et héraux* dans les *OEuvres de M. Claude Fauchet*, édition de 1610, f⁰⁸ 508 v⁰, 509 r⁰.

2. *Lettre à M. de *** en lui envoyant la nouvelle édition des OEuvres de François Villon.* Cette lettre est jointe à l'édition de Coustelier, Paris, 1723.

observe, avec M. Antoine Campaux [1], que cet entrelacement se retrouve dans plusieurs des ballades de Villon, et notamment dans la requête au duc de Bourbon. Dans notre siècle, Daunou a également contesté le nom *Corbueil* [2], et tout récemment encore P. Jannet se rangeait à son sentiment en formulant une nouvelle objection contre le huitain publié par Fauchet. « Une preuve certaine, dit-il, de la
« composition tardive de cette pièce, c'est qu'on ne
« trouverait probablement pas dans la seconde moitié
« du xv$^e$ siècle, et certainement pas dans les œuvres
« de Villon, un huitain dont les rimes soient distri-
« buées comme dans celui-là. » Et en effet, tous les huitains de Villon riment *ababbcbc*, tandis que celui de Fauchet rime *ababaacc*. « Les faussaires, conclut-il, ne pensent jamais à tout [3]. »

Cependant aucun des commentateurs de Villon n'avait revu le manuscrit que Fauchet dit avoir possédé, et il en est qui, ignorant sans doute le haut degré de confiance que méritent les écrits de cet éminent érudit, doutaient de l'existence même du huitain cité par lui. Nous avons eu le bonheur de retrouver le manuscrit Fauchet sous le n° LIII des manuscrits français de la Bibliothèque royale de Stockholm [4], et

---

1. A. Campaux, *François Villon, sa vie, ses œuvres*, p. 40.
2. *Journal des savans*, 1832, p. 554.
3. *OEuvres complètes de Villon*, édition préparée par La Monnoye, mise au jour par M. P. Jannet, p. vj, note 1.
4. Nous utiliserons dans notre édition les variantes que nous

nous y avons lu l'épitaphe que le Président de la Cour des Monnaies avait copiée quelque peu inexactement. Nous la reproduisons textuellement d'après le manuscrit, qui date du dernier tiers du xve siècle.

> Je suis François, dont il me poise,
> Nommé Corbeil en mon seurnom,
> Natif d'Auvars emprez Pontoise,
> Et du commun nommé Villon.
> Une corde de demye toise,
> Ce ne feust ung joly appel,
> Sceust bien mon col que mon cul poise,
> Le jeu ne me sembloit point bel [1].

On le voit, si l'ordre des trois derniers vers a été interverti par Fauchet, il ne s'ensuit pas cependant qu'on retrouve dans ce huitain la marque de ceux de notre poëte. Les rimes y sont, en effet, disposées *ababacac*, de sorte que le cinquième et le septième vers, pour lesquels Villon aurait cherché une rime en *on*, se terminent en *oise*. Cela suffirait à prouver que nous sommes seulement en face d'une mauvaise imitation de Villon, si l'examen du manuscrit Fauchet ne nous faisait assister, pour ainsi dire, aux différents essais du faussaire.

Ce manuscrit contient, tout d'abord, l'épigramme en quatre vers, avec une seule variante, résultant du

---

fournit ce manuscrit, qui n'a pas encore été employé pour les éditions de Villon. Il renferme comme le ms. 1661 du fonds français de la Bibliothèque nationale ceux des huitains du *Petit Testament* que Prompsault a le premier publiés.

1. Le ms. porte : « Le jeu *me* ne me sembloit point bel. »

remplacement du nom de *Paris* par celui d'*Ausoir*
(pour *Auvers*) :

> Je suis François, dont il me poise,
> Natif d'Ausoir emprès Pontoise,
> Et de la corde d'une toise,
> Saura mon col que mon cul poise ¹.

Mais ces vers sont immédiatement suivis du huitain suspect. Cependant, bien que le quatrain que nous venons de transcrire fût passé dans le manuscrit de Stockholm, on ne peut attribuer ces modifications au scribe qui, dans l'une et l'autre de ces épitaphes, transcrit d'une manière fort incorrecte les noms sur lesquels portent précisément les additions.

Quoi qu'il en soit, le huitain est l'œuvre d'un copiste qui, songeant que Villon n'avait pas été pendu, a cru devoir modifier dans ce sens l'épitaphe que le poète avait écrite avant n'en appeler au Parlement; mais, ainsi que le fait remarquer M. Gaston Paris ² ; il ne s'apercevait pas que, dès lors, ce morceau n'avait plus de raison d'être. On s'est souvent demandé pourquoi les mots : « Né de Paris emprès de Pontoise, » avaient été remplacés, dans cette variante, par ceux-ci : « Natif d'Auvers. » A notre avis, il n'en peut être

1. Bien que ce quatrain fût au bas du folio 62 v°, et que le huitain que nous avons transcrit plus haut occupât le haut du folio 67 verso, on ne peut nier que ces deux pièces eussent été transcrites à la suite l'une de l'autre, car l'étude attentive du manuscrit nous permet d'affirmer que, sans une distraction de scribe, le folio 67 aurait dû recevoir le n° 63.

2. *Revue critique d'histoire et de littérature*, t. XIV, p. 194.

donné qu'une explication : le faussaire n'a pas compris la plaisanterie de Villon, qui consistait à faire de la grande cité un satellite de la petite ville ; il s'est ingénié à remplacer le nom de Paris par celui d'un village voisin de Pontoise, et c'est ainsi qu'Auvers fut désigné comme la patrie du plus fameux des poètes du xve siècle, de préférence à d'autres villages du Vexin français qui intéressaient peut-être moins directement notre correcteur.

Auvers est donc une correction intempestive dont on se rend parfaitement compte. Le remanieur a été mieux inspiré en disant que Villon n'était pas le véritable surnom du poète ; cependant ce nom n'étant pas Corbeil, comme le veut le manuscrit Fauchet, nous pensons qu'il importe de parler dès maintenant des actes authentiques qui nous permettent de le rejeter, ou, pour parler plus exactement, de rétablir le second vers du huitain, tel qu'il dut sortir des mains de son auteur.

On trouve dans le registre du Trésor des Chartes, côté JJ 187, une lettre de rémission accordée en janvier 1455 (1456, n. st.) à « *maistre François des Loges, autrement dit de Villon,* aagié de vingt-six ans ou environ » pour un meurtre commis le jour de la Fête-Dieu, au cloître de Saint-Benoît-le-Bétourné, à Paris, sur la personne de Philippe Chermoye, prêtre. Or, si l'on considère le titre de *maître* que ce document donne au suppliant et qui est également attribué à Villon par les premiers éditeurs, ainsi que par l'auteur des *Repues franches ;* si l'on rapproche le surnom du délinquant du nom de famille de « maistre Guillaume de Villon, » que le poète appelle son « plus que père; » si l'on remarque que, suivant le préambule du *Grand Testament*, Villon devait être né en 1431 et avoir de vingt-quatre à vingt-cinq ans en janvier 1455 (v. st.), il devient presque impossible de douter que « maistre François des Loges » et Villon ne fassent un seul et même personnage.

La découverte de cette lettre de rémission paraîtrait devoir faire cesser les conjectures sur le véritable nom de Villon : elle ne ferme cependant pas l'ère des hésitations. La présence dans un autre registre du Trésor des Chartes (JJ 183) d'une lettre de rémission adressée dans le même mois de janvier 1455 et pour le même crime à « François de Monterbier, maistre es ars, » vient de nouveau obscurcir la question. L'âge du suppliant n'est pas énoncé dans cette seconde pièce ; mais. François de Monterbier ne peut être distingué de François des Loges, car le récit de la rixe est le même à quelques détails près dans les deux lettres; ici la victime est appelée « Phelippe Sermoise » au lieu de « Phelippe Chermoye. » Nous renonçons à expliquer ce fait d'une double requête adressée par le même personnage sous deux noms différents et amenant la délivrance de deux lettres de rémission. Nous nous contenterons de faire remarquer pour l'honneur de la chancellerie royale que les deux lettres ne furent pas données au même lieu : la première est datée de Saint-Pourçain, en Bourbonnais, où le roi se trouvait alors, et la seconde de Paris.

Il est certain, par le fait même de ces deux requêtes, que le poète était connu à Paris sous l'un et l'autre des noms dont il les signa ; mais il importe de distinguer son nom patronymique. Il nous a paru que pour parvenir à résoudre ce petit problème, il convenait de recourir aux archives de l'Université de Paris, où Villon avait étudié.

Le seul document de ces archives où nous pouvions espérer trouver quelque renseignement sur notre poète est un registre des procureurs de la nation de France pour la Faculté des arts, registre sur lequel on inscrivait les noms des écoliers qui obtenaient les grades de bachelier, de licencié et de maître. Nous n'avons trouvé dans ce registre, qui se rapporte aux années 1444 à 1456, ni François des Loges, ni François de Monterbier, ni même Corbeil ; mais nous remarquons en revanche, parmi les rares écoliers du nom de François, un *Franciscus de Moult-Corbier, parisiensis*, nommé par trois autres fois *Franciscus de Montcorbier*. Il figure en mars 1448 (v. st.) parmi les *baccalariandi* [1], et un peu

---

(1) Folio 97 v°, du registre des procureurs de la Nation de France conservé à la Bibliothèque de l'Université. — La bourse de *Franciscus de Moult-Corbier, parisiensis*, y est estimée deux sous parisis.

plus de trois ans après, c'est-à-dire au temps de Jean de Conflans qui exerça les fonctions de procureur de la nation de France du 4 mai au 26 août 1452, on le compte au nombre des jeunes gens appelés à la licence, puis à la maîtrise ès arts [1]. Or, le nom de Montcorbier étant le seul qui puisse être rapproché d'un de ceux que les lettres de rémission attribuent à Villon, et se retrouvant, du reste, à plusieurs reprises dans un registre original, ce nom est à notre avis le véritable nom du poète. Le changement de *Montcorbier* (ou *Moncorbier*) en *Monterbier* résulterait d'une faute de copiste, car on sait combien est grande dans l'écriture du xv$^e$ siècle la ressemblance des lettres *t* et *c* d'une part, *o* et *e* de l'autre, et nous ne craignons pas, en émettant cette opinion, de recevoir le blâme de quiconque, ayant étudié quelque peu les registres du Trésor des Chartes, a pu juger combien les noms propres y sont quelquefois altérés.

Il est possible que le nom *Corbeil* ne soit qu'une

---

[1] Sequitur nomen cujusdam licenciati : *Dominus Franciscus de Montcorbier, de Parisius, cujus bursa : II s. p.* — Sequuntur nomina illorum qui inceperunt in presenti procuratoria (Johannis de Conflans) : .... *Dominus Franciscus de Montcorbier, de Parisius, incepturus sub me procuratore : II s. p.* (folio 155 r° du registre déjà cité). — Cinq lignes plus bas, Jean de Conflans a reproduit la mention de F. de Montcorbier sous cette forme : « *Dominus Franciscus de Montcorbier, de Parisius, incepturus sub magistro de Conflans tunc procuratore : II s.* » On peut tirer de ces mentions la preuve que François de Montcorbier étudiait alors sous la direction de Jean de Conflans. Le chiffre qui suit le nom des écoliers est celui de la valeur de leur bourse.

corruption de celui de Moncorbier. On ne doit pas oublier, en effet, que nous ne connaissons du huitain qui le fournit qu'une transcription qui, sans doute, ne se rattachait à l'original que par plusieurs intermédiaires. Il semble, en outre, difficile d'admettre que le remanieur ait pu commettre ce grossier pléonasme : « Nommé Corbeil en mon seurnom, » et on peut dès lors supposer que les deux premières syllabes de ce vers renferment une fausse leçon. Or, le remanieur, pour peu qu'il connût Villon ou qu'il eût des renseignements sur ce poète, dont il était le contemporain, doit avoir écrit :

> Je suis François, dont il me poise,
> De Montcorbier en mon seurnom.

Aussi nous arrêterons-nous à cette hypothèse qu'un copiste maladroit aura fait du second vers : « *De nom Corbier* en mon seurnom, » leçon qu'un second scribe modifia légèrement pour éviter la redondance. Quant à la différence qui subsiste entre *Corbier* et *Corbeil*, les manuscrits offrent trop souvent des variations analogues en ce qui concerne les noms propres, pour qu'il y ait lieu de s'en occuper autrement.

L'origine du nom de *Villon* a été l'objet de plusieurs conjectures. Selon le président Fauchet, le poète aurait été ainsi surnommé « pour les tromperies qu'il fit en sa vie [1] » ; mais cette explication ne saurait être

---

1. Voyez plus haut, p. 5-6.

admise en face de la forme « *de Villon* » que donnent plusieurs textes, forme qui permet de classer cette appellation parmi les surnoms empruntés au lieu d'origine : du reste, il paraît à peu près certain que le mot *villon*, au sens de trompeur, ne remonte pas au Moyen-Age et qu'il est précisément dû à la mauvaise réputation dont jouissait François de Montcorbier. Quoi qu'il en soit, l'assertion de Fauchet a presque été généralement admise jusqu'à nos jours. Cependant quelques auteurs, — mais ceux-là étant simplement des géographes, n'ont vu leur sentiment reproduit par aucun des commentateurs du poète, — ont prétendu que maître François était né dans un village du diocèse de Langres du nom de Villon, situé à un peu plus de quatre lieues à l'est-nord-est de Tonnerre [1].

Ces diverses opinions pouvaient être facilement réfutées à l'aide d'une lecture quelque peu attentive des écrits de Villon. Ceux-ci ne laissent en effet aucun doute sur la véritable origine du nom que François de Montcorbier illustra. Il fut certainement donné au malheureux écolier en raison de ses relations

---

[1]. Cette opinion est exprimée pour la première fois, à notre connaissance, dans le *Dictionnaire universel de la France ancienne et moderne*, publié chez Saugrain en 1726, où on lit sous l'article VILLON (tome III, colonne 883) cette curieuse phrase : « C'est la patrie du fameux Villon, premier poète françois, qui fut brûlé pour son impiété, » qu'on retrouve, en 1765, à l'exception des six derniers mots, dans le *Dictionnaire géographique portatif de la France* (1765, 4 vol. in-8), t. IV, p. 575.

avec un protecteur de sa jeunesse, qu'il a soin de nommer dans chacun de ses Testaments avant tous autres légataires. En 1456, ce personnage est appelé d'abord, à cause de la mesure du vers « maistre Guillaume Villon [1] ; » puis plus tard, en 1461, « maistre Guillaume *de* Villon. » C'est surtout dans le *Grand Testament* [2] que Villon parle affectueusement de ce protecteur qui l'avait tiré de plus d'un mauvais pas et occupait en retour la première place dans les souvenirs de l'enfant perdu :

> Item, et à mon plus que pere,
> Maistre Guillaume de Villon,
> Qui m'a esté plus doulx que mere
> D'enfant eslevé de maillon ;
> Qui m'a mys hors de maint boillon,
> Et de cestuy pas ne s'esjoye ;
> Si luy requiers à genoillon,
> Qu'il m'en laisse toute la joye.

Nous avons cru un moment — et l'on pouvait trouver des arguments propres à étayer cette hypothèse — que Guillaume était le maître sous lequel Villon avait étudié. C'était une erreur, car les registres de l'Université nous apprennent qu'en 1452, François de Montcorbier étudiait sous maître Jean de Conflans. Grâce à de fort nombreuses pièces d'archives, nous sommes aujourd'hui en mesure d'établir que Guillaume de Villon était un respectable ecclésiastique, natif du

---

1. *Petit Testament*, huit. 9.
2. *Grand Testament*, huit. 77.

village de Villon, (près Tonnerre)[1], dont il avait pris le nom, et qui, après avoir conquis les grades de maître ès-arts et de bachelier en décrets[2], était devenu chapelain de l'une des chapelles de l'autel de Saint-Jean l'Évangéliste en l'église de Saint-Benoît-le-Bétourné, au cloître de laquelle notre jeune poète demeurait encore en 1455[3].

C'est au 15 janvier 1423 (n. st.), c'est-à-dire huit ans environ avant la naissance de François de Montcorbier, que nous trouvons la première mention de maître Guillaume de Villon. Il fut pourvu, à cette date, de la chapellenie de Notre-Dame, en l'église paroissiale de Gentilly, près Paris, vacante dès le mois précédent par suite du décès de maître Guillaume de Marle, le dernier titulaire. Ce bénéfice était bien

---

1. Étiennette Flastrier, nièce de maître Guillaume, demeurait encore en 1480 à Villon, près Tonnerre » (Voyez les pièces justificatives, n° XV).

2. Ces qualifications lui sont données dans un acte du 20 mai 1434 (Archives nationales, chapitre de Saint-Benoît, S. 891 b).

3. Un des derniers écrivains qui aient écrit sur notre poète a prétendu que maître Guillaume de Villon était chapelain d'une des chapelles de l'église de Notre-Dame de Paris, ainsi que de la chapelle de l'hôtel royal des Loges, en la forêt de Saint-Germain : on a même voulu voir dans cette dernière circonstance l'origine du nom « des Loges, » qu'une des lettres de rémission précitées donne à maître François. Nous croyons devoir prévenir nos lecteurs contre ces allégations en constatant qu'aucun document ne vient les corroborer. On connaît seulement un maître Guillaume *Fillon* qui était pourvu, au temps de Charles VIII, de la chapellenie des Loges. Quant au chapelain de Notre-Dame, qui vivait effectivement au milieu du XV<sup>e</sup> siècle, son nom n'était pas non plus G. de Villon, mais bien Guillaume *le Billon*, ce qui est tout différent.

modique, puisque le revenu de la chapelle Notre-
Dame, c'est Lebeuf qui nous l'apprend, consistait
seulement en une redevance de blé mouture sur le
moulin de Gentilly[1] : la possession en fut cependant
contestée à Guillaume de Villon par un certain Jean
Moret, lequel prétendait y avoir été nommé sur le feu
roi Charles VI, au temps de la régale qui avait suivi
la mort de Gérard de Montaigu, évêque de Paris.
L'affaire, portée devant le Parlement, y fut débattue
le 19 juillet 1425. Guillaume de Villon, tout en récla-
mant le renvoi de cette cause à l'abbé de Sainte-
Geneviève, conservateur des priviléges de l'église
de Paris, répondait avec bonheur aux prétentions de
son adversaire, en observant que la chapelle de Notre-
Dame n'avait pu être légalement donnée à Moret,
puisque sa vacance était postérieure de deux ans à la
dernière régale de l'évêché. On conçoit dès lors que
maître Guillaume dut avoir gain de cause : néanmoins, nous n'avons pas retrouvé le jugement définitif, qui se fit sans doute attendre pendant fort longtemps, car un arrêt du Parlement, prononcé le
22 janvier 1429 (n. st.), assurait à Villon la possession de la chapellenie en attendant l'achèvement du
procès[2]. Mais, dix-sept mois avant cette décision,
nous trouvons une autre mention de Guillaume de

---

1. Lebeuf, *Histoire de la ville et de tout le diocèse de Paris*, t. X, p.5.
2. On trouvera sous les numéros I et II de nos pièces justificatives les documents que nous avons pu recueillir sur cette affaire.

Villon, qui était, dès lors, en rapport avec la communauté de Saint-Benoît-le-Bétourné, dont il faisait sans doute déjà partie [1].

Maître Guillaume habitait en 1431 au cloître Saint-Benoît, une maison située, suivant toute vraisemblance, entre l'église de Saint-Benoît et le collége de Sorbonne [2]. Nous le retrouvons en 1433, avec la qualification de chapelain de ladite église, recevant de cette communauté, à charge d'une rente perpétuelle de huit livres parisis, l'hôtel de la Porte-Rouge, sis à l'extrémité sud-ouest du même cloître, et un fonds de terre de dix deniers parisis [3]. Il possédait, en outre, dans la partie orientale du cloître, une autre « petite maison ruygneuse et indigente de grans repa-

---

[1]. L'inventaire des titres de l'église collégiale de Saint-Benoît, dressé en 1468, fait mention d' « une sentence donnée par le maire de la justice Saint-Benoît, soubz le scel de la mairie dudit Saint-Benoît, le mardi XIIII<sup>e</sup> jour de décembre M CCCC XVII, par laquelle fut dit, entre le procureur de la communaulté dudit Saint-Benoît, demandeur, d'une part, maistre Guillaume de Vyllou et Pierre Robinet, deffendeurs, d'aultre part, que partie de certain rapport des jurez, nagueres lors fait, seroit enterinée » (Archives nationales, LL. 557, f° 52 r°). La date donnée ici à cette sentence relative à une maison du cloître Saint-Benoît est certainement erronée, car le 14 décembre 1417 ne tombait pas un mardi, mais bien un jeudi; le 14 décembre 1427, au contraire, était un mardi, ce qui permet de substituer cette date à celle de 1417.

[2]. Une sentence de la prévôté de Paris, en date du 14 avril 1431 (v. st.), nous apprend que la maison de la Heuze, de la rue Saint-Jacques « aboutissait par derrière à une maison et jardin qui est dedans le cloistre de Saint-Benoît, en laquelle demeure maistre Guillaume de Villon » (Archives nationales, chapitre de Saint-Benoît, S. 889 b).

[3]. Voyez les pièces justificatives, au n° XII.

« racions, » qu'il bailla le 20 mai 1454 à titre de croît de cens à Geneviève Adam [1], et une autre maison voisine, à l'enseigne de la Cuiller, qu'il céda à cette même femme quatre mois plus tard [2]. Il avait encore droit en 1462 à une rente de 40 sous parisis à percevoir sur la maison du Coq, de la rue Saint-Jacques; mais on lui devait à cette époque huit années d'arrérages [3].

A en juger par les documents qui nous sont parvenus, la vie de maître Guillaume de Villon fut celle d'un paisible ecclésiastique : s'il figure dans de nombreux actes de l'époque, c'est le plus souvent en compagnie des autres prêtres de Saint-Benoît, et au sujet d'affaires intéressant la communauté dont il fut à diverses reprises le procureur, notamment en 1439, en 1444, en 1445 [4]. Il n'est guère utile de mention-

---

1. Archives nationales, chapitre de Saint-Benoît, S. 891 b.
2. Le 23 septembre 1454 (*Ibid.*, LL. 557, fol. 31 recto).
3. *Ibid.*, LL. 557, folio 175, recto.
4. C'est du moins ce que nous apprend l'inventaire des titres de Saint-Benoît dressé en 1468, au chapitre qui contient la succession des procureurs et l'indication de leurs comptes (Archives nationales, LL. 557, folio 394, verso) :

« Maistre G. de Vyllon, ccccxxxix, en parchemin, cloz et signé G. Vyllon seulement... »

« Maistre G. de Vyllon, iiii$^c$ xliii et xlv, en parchemin, cloz et signez. »

On trouve, en outre, au folio 395, verso, du même registre, la mention du compte de « Messire Crespin Bailly, ccccLvIII, en parchemin cloz et signé Comitis, G. de Marchia, G. Vyllon, J. de Ru; » mais aucun de ces autographes, ni des signatures de Guillaume de Villon n'a pu être retrouvé jusqu'ici aux Archives nationales.

ner une protestation qu'il fit le 14 mai 1436 [1], contre un jugement rendu à son préjudice dans une affaire purement civile, en annonçant l'intention d'appeler de cette sentence à l'officialité. Il ne servirait à rien, non plus, de remarquer que la justice désigna Guillaume de Villon, en 1448, pour curateur des biens de feu maître Pierre de Villiers [2] ; car ces divers faits n'apportent aucune lumière sur le caractère du chapelain de Saint-Benoît. Aussi nous contenterons-nous d'ajouter que la vie du « plus que père » de François de Montcorbier se prolongea jusqu'en 1468 [3].

Il est donc certain que Guillaume mourut plus que sexagénaire. Les archives de l'église de Saint-Benoît nous apprennent qu'il avait choisi pour exécuteurs testamentaires un de ses collègues, Jean le Duc, atta-

---

1. Archives nationales, chapitre de Saint-Benoît, S. 892.
2. *Ibid.* S. 891 b. — Voici comment maître Guillaume est désigné dans cette pièce : « Guillelmus de Villione, capellanus capellanie ad altare sancti Johannis Evangeliste in ecclesia Beati Benedicti Beneversi Parisiensis fundate, et in artibus magister et in decretis bachalarius. » Remarquons, en passant, que la forme latine *(de Villione)* du surnom de Guillaume prouve que les deux *l* du nom de Villon sont mouillés, comme ceux des mots *pavillon, tourbillon, bouillon, aiguillon*, qui lui servent de rime dans les œuvres de notre poète ; au reste, le nom même du village où Guillaume avait vu le jour se prononce encore aujourd'hui *Vilon*. Les documents du XV$^e$ siècle nous fournissent une autre preuve de la mouillure des *ll* du nom de Villon par la forme *Vignon*, qu'un scribe du Parlement lui substitua par erreur en 1422 (Voyez au n° II de nos Pièces justificatives).
3. Guillaume de Villon mourut avant le 23 août 1468 (Voyez les pièces justificatives, au n° XII).

ché comme lui au service de l'autel de Saint-Jean l'Évangéliste, et son propre neveu, le beau-frère de Jean le Duc, Jean Flastrier, barbier, qui, dès 1445, demeurait dans la rue de Saint-Jacques, tout près de l'église de Saint-Benoît, au coin de la porte d'en-haut du cloître [1]. Le vieux chapelain fut enseveli dans l'église de Saint-Benoît, à laquelle il laissa l'hôtel de la Porte-Rouge où il habitait depuis 1435 [2]. Malgré nos recherches, nous n'avons découvert aucune expédition de l'acte qui renfermait ses dernières volontés et où, peut-être, se trouvait une mention, un souvenir, de l'écolier pour lequel il avait eu une si grande affection et qui avait si tristement porté, devant diverses cours judiciaires, le surnom de son bienfaiteur.

Si le testament de Guillaume de Villon ne nous a pas été conservé, on connaît, en revanche, trois copies de celui de son neveu, Jean Flastrier qui semble avoir été son principal héritier. C'est cette pièce rédigée le 12 novembre 1481 par-devant maître Robert l'Anglois, vicaire du curé de Saint-Benoît, qui nous a révélé les liens de parenté qui unissaient Flastrier au vénérable chapelain et l'origine tonnerroise de ce dernier ; aussi nous a-t-il paru intéressant de la publier parmi les pièces justificatives de ce travail [3]. On y voit que le

[1]. Nous empruntons cette indication précise au testament de Jean Flastrier, qu'on trouvera dans nos pièces justificatives, sous le n° XV.
[2]. Pièces justificatives, n° XII.
[3]. Sous le n° XV.

barbier demanda à être inhumé sous la tombe de son oncle, Guillaume de Villon, et qu'il légua une petite maison du cloître, pour l'habitation des enfants de chœur qui seraient établis après sa mort en l'église de Saint-Benoît ; ceux-ci, aux termes du testament, devaient chanter sept psaumes et diverses oraisons sur la tombe de maître Guillaume et de son neveu, pour le repos de leurs âmes et de celles de leurs parents, le premier jour de chaque mois après la grand'messe.

On sait donc, aujourd'hui, d'une façon positive l'origine du nom *Villon* ; mais on en est encore réduit aux conjectures relativement à l'origine du nom *des Loges* que la découverte de nouveaux documents pourra seule permettre d'expliquer avec certitude. C'est donc avec la plus grande réserve que nous émettrons une hypothèse à ce sujet.

Des Loges était, au xv<sup>e</sup> siècle, le nom d'une famille parisienne [1] qui, suivant toute apparence, était originaire d'un village appelé les Loges ; mais, pour notre poète auquel nous connaissons déjà deux noms, — de Montcorbier et Villon, — ce pouvait être un surnom

---

[1]. Nous avons rencontré le nom de Jean des Loges, procureur au Châtelet, dans un certain nombre de documents contemporains de Villon, notamment en 1447 (Archives nationales, S. 1648, f° 21 v° et 46 r°), en 1454 (*Ibid.*, f° 5231 ; à la date du 24 décembre et du 29 mars), en 1455 (*Ibid.*, S. 1648, f° 176 r°), en 1459 (*Ibid.*, S. 1648, f° 68 r°). Un acte d'ensaisinement du 15 avril 1460 nous apprend que « Jehan des Loges, bourgeois de Paris, » demeurait « en la Truanderie » (*Ibid.* S. 1648, f° 81 v°) ; ce personnage vivait encore au 21 mai 1461 (*Ibid.*, S. 1648, f° 106 v°).

personnel. Il est possible qu'en acceptant le nom *des Loges,* au temps où il résidait à Paris, François de Montcorbier ne fit que suivre l'exemple de ces clercs qui, venant étudier à l'Université, abandonnaient leur surnom héréditaire et se laissaient désigner par le nom de leur lieu d'origine, comme, — pour n'en citer que quelques-uns, — Jean de Guiscry, médecin de Charles V, qui était natif de la paroisse de Guiscriff, au diocèse de Cornouaille; Jean Gerson, le chancelier de l'Université, qui avait quitté son nom patronymique, Charlier, pour prendre le nom du village de Gerson, près Rethel, où il était né; Nicolas de Baye, greffier civil du Parlement, qui échangea son surnom héréditaire, le Crantinat, contre le nom du village châlonnais où il avait vu le jour; Nicolas de Clamanges, ou *Clémangis,* le célèbre théologien, qui naquit à Clamanges, au diocèse de Châlons-sur-Marne; et enfin, maître Guillaume de Villon lui-même, qui, ainsi que nous l'avons établi, portait le nom de son village natal. Et si l'on remarque, avec nous, que tous ces clercs tiraient leurs noms d'un chef-lieu de paroisse et non d'un simple hameau, on n'hésitera pas à préférer, — en ce qui concerne le nom des Loges, attribué à Villon, — la paroisse des Loges-en-Josas, du diocèse de Paris, à toute autre localité parisienne de même nom, comme par exemple aux Loges, près de Saint-Germain-en-Laye, localité qui ne peut guère entrer ici en ligne de compte, puisqu'elle était seulement à cette époque une résidence royale. Ce n'est là qu'une hypothèse, mais cette hypothèse se vérifierait si l'on arrivait à constater l'existence d'une famille dite *de Montcorbier* dans la paroisse des Loges-en-Josas.

Cependant, bien que la qualification de *parisiensis*, donnée par le registre de la Faculté des arts à François de Montcorbier, puisse s'entendre d'une personne née dans le diocèse de Paris, notre conjecture peut être battue en brèche à l'aide des vers mêmes de Villon; car, par deux fois, le poète dit être « né de Paris [1], » ce qui concorde avec la mention *de Parisius* que maître Jean de Conflans a inscrite par trois fois à la suite du nom de François de Montcorbier, sur le registre des étudiants de la nation de France. Aussi, serait-il plus prudent, croyons-nous, de voir dans le nom *des Loges* un surnom que le père de Villon aurait légué à celui-ci en même temps que son nom patronymique.

---

1. D'abord dans son épitaphe, que nous avons citée plus haut, et ensuite dans ces vers relatifs au legs qu'il fait à Robert Turgis, le tavernier de la Pomme de Pin (huit. 93 du *Grand Testament*) :

> Le droit luy donne d'eschevin,
> Que j'ai comme enfant de Paris.

## II

### LA FAMILLE ET LE PREMIER EXIL DE VILLON

La date de la naissance de Villon. — La famille bourbonnaise de Montcorbier. — Les parents de Villon. — Ses études à l'Université de Paris. — Ses élèves. — Le meurtre de Philippe Chermoye. — Le bannissement. — La repue franche de Bourg-la-Reine. — L'abbesse de Port-Royal. — Retour de Villon à Paris. — Catherine de Vausselles. — La Grosse Margot.

La question du nom étant à peu près résolue, il nous faut dire ce que l'on sait de la date de la naissance, de la famille et de la jeunesse du poète.

La date de la naissance de maître François, comme celle de la plupart de ses contemporains appartenant même à d'illustres familles, est impossible à fixer d'une manière certaine. On conçoit aisément que, privées des ressources qu'ont offert plus tard les registres de baptême, des personnes souvent illettrées aient été impuissantes à indiquer l'âge précis des enfants qu'ils avaient vus naître. On rencontre même au vxııı$^e$

siècle des personnes inscrites sur les registres de l'église, et qui, s'imaginant être, à l'époque de leur mariage, plus âgées de trois ou quatre ans qu'elles ne l'étaient en réalité, conservèrent cette croyance pendant les soixante dernières années de leur vie. Il est indispensable de bien se pénétrer de l'insouciance ou de l'ignorance générales du Moyen-Age relativement à la date de naissance, avant de mettre en œuvre les déclarations que Villon fournit plus ou moins directement au sujet de son âge en 1452, en 1455 et en 1461.

Il y a peu de temps encore, le seul indice avec lequel on pût essayer de fixer cette date était contenu dans le premier vers du Grand Testament, écrit après le 2 octobre 1461 et dans lequel Villon déclare qu'il était alors dans sa trentième année; aussi plaçait-on sa naissance en 1431, et l'on était même en droit d'ajouter qu'il était né entre le mois d'octobre 1431 et celui d'octobre 1432. Mais on possède maintenant une lettre de rémission datée de janvier 1456 (n. st.) et qui, reproduisant évidemment les termes mêmes de la supplique de maître François, le disent « aagié de vingt-six ans ou environ. » Quel est le sens précis de cette expression à demi dubitative : « ou environ? » Elle ne peut indiquer que deux choses, à savoir que le suppliant n'était pas certain de son âge à une année près, ou bien qu'il n'avait pas encore vingt-six ans révolus; en un mot qu'il était alors dans sa vingt-sixième année : dans ce dernier cas, la lettre de grâce accordée à « maistre François des Loges, autrement dit de Villon, » permettrait de placer sa naissance entre le mois de janvier 1430 et celui de janvier 1431 (n. st.). Cependant, la prudence commande de n'user qu'avec une extrême réserve d'une indication aussi approximative que celle de ces « vingt-six ans ou environ, » et nous attachons une importance bien plus grande à la date de la réception de François de Montcorbier, comme maître ès-arts (mai-août 1452), date qui prouve que cet écolier, alors âgé pour le moins de vingt-et-un ans, était né dans l'été de 1431 au plus tard.

Passant maintenant à ce qu'on sait de la famille de Villon, nous nous trouvons en face d'un nouvel élément de discussion, le nom *de Montcorbier,* nom patronymique du protégé de maître Guillaume, dont il faut essayer de tirer quelque lumière.

Le nom *de Montcorbier* était, à l'époque même où vivait Villon, celui d'une famille noble du Bourbonnais qui avait alors pour chef « noble homme Girard de Montcorbier, escuier, » et dont le manoir principal était situé aux Ponters, écart de la commune de Bouchaud (Allier, arr. de la Palisse, cant. du Donjon). Quant au lieu même dont cette famille portait le nom, nous pouvons, grâce à l'obligeance de notre savant confrère, M. Chazaud, archiviste de l'Allier, assurer que son emplacement est occupé aujourd'hui par le hameau de la Rue-Neuve, situé à 4 kilomètres à l'est des Ponters, à la limite des anciennes provinces de Bourbonnais et de Bourgogne, et s'étendant aujourd'hui sur le territoire des deux communes de Céron (Saône-et-Loire, arrondissement de Charolles, cant. de Marcigny) et du Bouchaud. Montcorbier, encore habité au xvie siècle, fut détruit à une époque postérieure et remplacé par le hameau actuel de la Rue-Neuve, où l'on voit encore, dans un pré dit *Pré-Corbier*, les vestiges d'une motte féodale.

Si l'on se reporte cependant à ce que Villon dit de son père et de son aïeul, on hésitera quelque peu à le considérer même comme un membre d'une branche collatérale de la noble famille bourbonnaise. Il semble plus sage de supposer que le premier de ses ancêtres qui porta le surnom « de Montcorbier » était natif de cet écart de la paroisse de Céron. Peut-être même pourrait-on voir dans les relations du poète avec les princes de la maison de Bourbon une preuve de son origine bourbonnaise et un indice des liens qui le rattachaient encore à son pays d'origine.

La condition précaire des parents de maître François est prouvée par plus d'un passage de ses poésies; elle est surtout attestée, et d'une manière fort énergique, dans cette strophe du Grand Testament :

> Povre je suys de ma jeunesse
> De povre et de petite extrace ;
> Mon père n'eut onc grant richesse
> Ni son ayeul nommé Orace.

> Povreté tous nous suyt et trace,
> Sur les tombeaulx de nos ancestres,
> Les âmes desquelz Dieu embrasse,
> On n'y voit couronnes ne sceptres [1].

Quelques-uns des proches de Villon étaient cependant, en 1461, dans une condition moins misérable — les documents d'archives nous apprennent qu'un oncle de Villon était, en 1456, religieux dans une abbaye située à Angers — mais, peu compâtissants pour les membres de leur famille demeurés dans l'adversité, il se seraient bien gardés de donner quelque témoignage d'affection au malheureux poète, et celui-ci ne peut s'empêcher de le dire bien haut :

> Je n'ay ne cens, rente, n'avoir.
> Des miens, le moindre, je dy voir,
> De me desavouer s'avance,
> Oublyans naturel devoir,
> Par faulte d'ung peu de chevance [2].

La pauvreté du père de François est à peu près la seule chose qu'on en connaisse : il n'existait plus en 1461 et, sans doute, il était mort depuis longtemps déjà. On possède, en revanche, quelques détails sur la « bonne mère » du poète, qui désigne ainsi cette sympathique créature et la met en scène, d'une manière touchante, dans sa jolie ballade en forme de

---

1. *Grand Testament*, huitain 35.
2. Huitain 23.

prière à Notre-Dame. C'était une femme sincèrement religieuse, mais pauvre et complètement illettrée :

> Femme je suis, povrette et ancienne,
> Ne rien ne sçay, oncques lettres ne leuz.

Et dont Villon se reproche d'avoir souvent causé le désespoir :

> Qui pour moy eut douleur amere,
> Dieu le sçait! et mainte tristesse [1].

Elle vivait encore à l'époque à laquelle Villon écrivit le Grand Testament; elle était « paroissienne » d'une église où l'on voyait des peintures représentant le Paradis et l'Enfer, et qu'on serait tenté tout d'abord de reconnaître dans l'église des Célestins, telle que la décrit Guillebert de Metz [2], si l'on oubliait que celle-ci ne peut être confondue avec une église paroissiale.

On ignore comment François de Montcorbier passa de la maison paternelle dans celle de maître Guillaume de Villon. Ce que l'on sait, nous l'avons déjà dit. C'est qu'il s'assit en qualité d'élève sur les bancs de l'Université de Paris, où sa bourse, c'est-à-dire la somme qu'il versait chaque semaine entre les

---

1. *Grand Testament,* huitain 79.
2. Ce rapprochement a été fait par M. l'abbé Valentin Dufour (*Recherches sur la dance macabre, peinte en 1425 au cimetière des Innocents,* p. 40).

mains de l'économe du collége pour sa nourriture [1], est évaluée à deux sous parisis. Il était reçu au baccalauréat en mars 1450 (n. st.), et dans l'été de 1452, il devenait licencié et maître ès-arts, alors qu'il étudiait sous Jean de Conflans, qui devint l'un des plus célèbres prédicateurs de son temps [2], et qui remplissait justement à cette époque l'office de procureur de la nation de France à l'Université de Paris : François obtenait, par conséquent, le grade de maître ès-arts à vingt-et-un ans environ, c'est-à-dire aussitôt qu'il eut atteint l'âge que les règlements universitaires exigeaient de tout candidat à la maîtrise [3]. Le protégé du chapelain de Saint-Benoît avait donc su mener de front l'étude et la joyeuse vie des écoliers, lui, « le bon folastre [4], » qui fréquentait les tavernes et suivait volontiers les « gracieux galants, »

> Si bien parlans, si bien chantans,
> Si plaisans en fais et en dits [5].

Peut-être même avait-il dès lors à se reprocher quelques plaisanteries du genre de celles que Rabelais

---

1. Ch. Jourdain, *Un compte de la nation d'Allemagne, de l'Université de Paris, au quinzième siècle* (Mémoires de la Société de (Histoire de Paris, t. I, p. 171).

2. E. du Boulay, *Historia Universitatis Parisiensis*, t. V, p. 886.

3. Pour obtenir la maîtrise ès-arts, il fallait être âgé de 21 ans, au moins, et avoir étudié les arts pendant six ans (Ch. Thurot, *De l'organisation de l'enseignement dans l'Université au Moyen-Age*, p. 60).

4. 
> Au moins sera de moy mémoire,
> Telle qu'elle est, d'ung bon folastre.
> (*Grand Testament*, huitain 164.)

5. *Grand Testament*, huit. 29.

attribue à Panurge.[1] ; mais ces plaisanteries n'étaient en somme que des ébats communs à bon nombre de clercs qui, plus tard, n'en devenaient pas moins de fort graves personnages. En tout cas, ce ne paraît pas être à cette époque de sa vie, mais bien plutôt aux années qui suivirent, que se rapportent les vers bien connus dans lesquels Villon regrette amèrement le temps perdu, qui, mieux employé, lui eût procuré une douce aisance :

> Hé Dieu ! si j'eusse estudié
> Au temps de ma jeunesse folle,
> Et à bonnes meurs dédié,
> J'eusse maison et couche molle !
> Mais quoy ? je fuyoie l'escolle
> Comme fait le maulvais enfant.
> En escripvant ceste parolle,
> A peu que le cueur ne me fend [2].

Et, à cette époque, François de Montcorbier, aspirant à un titre plus élevé que celui de maître ès-arts, étudiait sans doute en théologie, soit à la Sorbonne, soit au collége de Navarre, comme Jean de Conflans, dont il avait jadis suivi les leçons, et qui commençait à briller parmi les théologiens.

Cependant, à partir de 1452, Villon paraît avoir eu à son tour des élèves auxquels il put rendre quelques-

---

1. Rabelais, t. II, c. XVI *(des meurs et conditions de Panurge).*
2. *Grand Testament*, huitain 26.

uns des services qu'il avait jadis reçus de son maître. Ces élèves, du moins ceux qui étudiaient sous lui quatre ans plus tard, figurent dans ses poésies; et Villon, après son départ de Paris, les appelle ses « jeunes orphelins [1] ». Ils se nommaient Colin Laurens, Girard Gossouin, Jean Marceau, et les érudits ne les ont considérés jusqu'ici que comme de jeunes malfaiteurs dressés au crime par Villon. L'un d'eux figure en 1454 sous le nom de « Girart Gossouyn le jeune, escolier à Paris [2] », et il pouvait être le fils de « Girart Gossouyn l'ainsné », alors notaire au Châtelet [3]. Villon comptait donc parmi ses écoliers au moins un jeune homme appartenant à une honorable famille parisienne, et ce fait peut être invoqué

---

1. *Petit Testament*, huit. 25 et 26. — *Grand Testament*, huit. 137.

2. Archives nationales, Y. 5231, à la date du 6 août 1454. — Gossemart, procureur de l'Université, avait mis empêchement à une cause pendante entre Gossouyn et Jean Wasset, mais cet empêchement fut levé par le Châtelet : « Sera levé et osté, et icellui (empeschement) levons et ostons, et si disons que icellui Gossouyn joyra des previleges, franchises et libertez de ladicte Université *comme vrai et continuel escolier d'icelle Université* et tout selon la forme et teneur dudit mandement duquel la teneur s'ensuit. » (Suit la copie d'un mandement de Guill. Houppelande, recteur de l'Université, en date du 27 juillet 1454.)

3. Archives Nationales, Y 5231, aux 10 février, 21 et 28 novembre 1454. — C'est avec une intention bien arrêtée que nous disons « le *fils* de Girart Gossouyn l'ainsné » et non le *frère*, car, outre l'invraisemblance de deux frères portant le même nom de baptême, au xve siècle, nous pourrions citer des exemples du mot aîné pour distinguer le père d'un fils de même nom que lui, jusque dans des actes de la seconde moitié du xviiie siècle.

comme la preuve d'une conduite assez régulière pendant cette période de sa vie.

Les lettres de rémission accordées par Charles VII à Villon en janvier 1456 (n. st.) marquent la fin de cette période et constatent que jusqu'alors il n'avait « esté attaint, reprins, ne convaincu d'aucun autre « villain cas, blasme ou reproche. » François demeurait encore, en 1455 — chez maître Guillaume de Villon, sans doute. — dans le cloître de Saint-Benoît-le-Bétourné, non loin de la Sorbonne. Or, ainsi qu'il l'expose, il était assis le jour de la Fête-Dieu (5 juin 1455), vers les neuf heures du soir, sous le cadran de l'église de Saint-Benoît en compagnie d'un prêtre et d'une femme, et conversait avec eux, lorsque survinrent un autre prêtre nommé Philippe Sermoisé (ou Chermoye) et un jeune maître ès-arts, natif du diocèse de Tréguier, du nom de Jean le Merdi [1]. Philippe arrivait dans un état d'exaspération furieuse contre Villon, et bien que celui-ci eût cherché à le calmer en lui offrant place auprès de lui, il le frappa de sa dague et lui fit à la bouche une entaille dont Villon garda la trace. Les deux adversaires étaient alors complètement seuls, car leurs compagnons étaient partis pour ne pas se compromettre dans la

---

1. La qualité et le pays de Jean le Merdi nous sont fournis par le registre des procureurs des arts pour la nation de France où il figure pour avoir obtenu la licence et la maîtrise entre le 5 mai et le 26 août 1455 (f° 207 v° et 208 r°).

querelle. Villon, voulant éviter quelque nouveau coup, tira aussi sa dague et en frappa le prêtre à l'aîne; cependant, il n'est pas certain qu'il l'ait dès lors blessé. Jean le Merdi, qui revint sur ces entrefaites, désarma Villon, et le pauvre maître ès-arts, poursuivi et menacé de nouveau par son ennemi, jeta au visage de celui-ci une pierre qu'il tenait à la main droite et parvint à se retirer chez un barbier pour se faire panser. Pendant ce temps, Philippe, grièvement blessé par la pierre, gisait sur la place, d'où il fut porté en l' « ostel des prisons » de Saint-Benoît. Là, il reçut la visite d'un examinateur au Châtelet de Paris : questionné par lui, il ne semble pas avoir été tenté de charger Villon, et déclara, au contraire, lui pardonner sa mort « pour certaines causes qui à ce le mouvoient. » Le lendemain, vendredi, il fut transporté à l'Hôtel-Dieu, où il mourut le jour suivant. Villon, craignant cependant l'action de la justice, quitta Paris, et si l'on s'en rapporte à la lettre accordée au nom de François de Monterbier, il aurait été banni pour ce fait du royaume de France, et sa supplique n'avait d'autre but que d'obtenir le retrait de cette peine [1].

Ce sont certainement les conséquences de ce malheureux événement qui jetèrent Villon dans la vie

---

1. Tous les détails que nous donnons sur la lutte entre Philippe et Villon, et sur ses suites, sont empruntés aux deux lettres de rémission dont nous donnons le texte en appendice.

d'opprobres qu'il mena jusqu'en 1461. En effet, il n'est pas probable que notre fugitif ait eu des ressources suffisantes pour vivre honnêtement pendant le laps de temps qui s'écoula entre le 5 juin 1455 et le mois de janvier suivant. On ne sait s'il quitta réellement le royaume, mais on peut croire que, pendant quelque temps du moins, il parcourut les environs de Paris, vivant aux dépens des bonnes gens. C'est du moins ce qui paraît ressortir de ce huitain du Grand Testament :

> Item, et à Perrot Girart,
> Barbier juré de Bourg-la-Royne,
> Deux bassins et ung coquemart,
> Puisqu'à gaigner mect telle peine.
> Des ans y a demy douzaine,
> Qu'en son hostel, de cochons gras,
> M'apastela une semaine,
> Tesmoing l'abbesse de Pourras [1].

Si l'on ajoute quelque foi à cette indication des six ans qui séparaient la repue franche de Bourg-la-Reine du moment où Villon écrivait le Grand Testament, on arrive à fixer pour date à cet incident le second semestre de l'année 1455. C'était justement l'époque où il fuyait la justice, et il est possible que ce soit alors qu'il ait contracté ces liaisons malsaines qui devaient le conduire à deux pas du gibet.

Parmi ces liaisons, il en est une dont il nous faut

---

1. *Grand Testament*, huit. 105.

parler dès maintenant, puisque la mention s'en trouve au huitain que nous venons de citer : nous voulons parler des rapports de Villon avec l'abbesse de Pourras, témoin de la repue franche faite aux dépens de Perrot Girard. M. Paul Lacroix a donné du nom de l'abbesse une explication que rien n'appuie [1]. L'abbesse de Pourras n'a pas plus que les autres personnages des Testaments un titre imaginaire; c'était l'abbesse de Port-Royal, au diocèse de Paris, abbaye dont le nom vulgaire était alors *Porrais, Pourrais* ou *Pourras* [2]. Huguette du Hamel, ainsi se nommait cette indigne religieuse, passait pour être la fille de Hugues Cuillerel, abbé de Saint-Riquier. Entrée en religion vers l'an 1439, elle était devenue abbesse de Port-Royal à la mort de Michelle de Langres en 1454 ou 1455 [3]. Il paraît qu'avant son élévation à cette

---

1. P. L. Jacob, bibliophile, *OEuvres complètes de Villon*, p. 127, note 2.
2. Cette dernière forme subsiste encore aujourd'hui dans le nom d'une ancienne dépendance de l'abbaye, la ferme du Pourras, au finage d'Orphin (Seine-et-Oise), qu'on désignait indifféremment au xvii<sup>e</sup> siècle sous le nom de Chaagny, *Petit-Port-Royal* ou *Pourras* (Archives nationales, S. 4527). Sur l'ancien nom de Port-Royal, on peut consulter l'*Histoire de la ville et du diocèse de Paris*, de l'abbé Lebeuf (t. viii, p. 473-475). Nous devons rendre cette justice à Fauchet, qu'il avait reconnu l'abbaye de Port-Royal, sous le nom de *Porras* que donne son manuscrit, comme le prouve cette note écrite de sa main : « Port-Roial, près Trapes » (f° 54 v°).
3. Suivant les auteurs du *Gallia christiana*, Michelle de Langres est encore nommée dans une charte du 1<sup>er</sup> février 1454, et ils n'ont rencontré Huguette qu'à partir du 12 février 1455 *(Gallia christ.*, t. vii, c. 915 et 916).

dignité, Huguette se conduisait déjà d'une façon peu régulière ; mais la connaissance de ses désordres se répandit surtout en 1465, époque à laquelle la guerre du Bien Public la força de venir chercher, avec ses religieuses, un asile à Paris chez le procureur de l'abbaye, maître Baude le Maistre, qui passait pour avoir des relations intimes avec elle. Elle fut alors dénoncée par un religieux bernardin à l'abbé de Chaalis qui, en 1463, avait déjà reçu mission de l'abbé de Citeaux, chef de l'ordre, de surveiller sa conduite. L'abbé de Chaalis la relégua en prison dans l'abbaye de Pont-aux-Dames, au diocèse de Meaux, et Jeanne de la Fin, d'une famille forézienne, lui succéda sur le siége abbatial. Cependant Huguette recouvra la liberté, plaida contre l'abbé de Chaalis et fut réintégrée dans son abbaye en vertu de lettres royaux ; mais Jeanne de la Fin eut définitivement gain de cause [1].

Parmi les faits allégués contre Huguette lors de ce procès, il en est un qu'il importe de mentionner ici, parce qu'il se lie étroitement à notre sujet et,

---

1. L'arrêt du Parlement intervenu en date du 2 juin 1470 n'était pas définitif : on décida seulement que Jeanne de la Fin jouirait des fruits de l'abbaye jusqu'à ce qu'il en fust autrement ordonné par « les gens tenant les requestes du palaiz » devant lesquels le procès était pendant (Archives Nationales, X$^{ia}$ 1485, f° 64 v°). L'arrêt est transcrit au registre X$^{ia}$ 102 (f° 245 v° à 246 r°) ; mais s'il y eut une nouvelle décision, ce fut certainement en faveur de Jeanne, qui gouverna l'abbaye de Port-Royal jusqu'en 1513 (*Gallia christiana*, t. VII, c. 916).

prouve que Villon ne fut pas le seul à mêler le nom de cette religieuse à ses vers. « Elle aloit aux « festes et nopces, dit le procureur de Jeanne de la « Fin, et se degoisoit avec les galans, et, aucunes fois « la nuit, illec se tenoit telement que les gens d'armes « en firent une ballade, desquelz elle fist tant battre « ung qu'il expira et en est encore le procès pen- « dant [1]. »

Rentré à Paris vers le mois de janvier 1456 (n. st.), Villon tenta sans doute de reprendre ses anciennes habitudes de travail. Il ne paraît pas y avoir réussi, préoccupé qu'il était d'un amour sans espoir dont la pensée le poursuivait encore en 1461 [2] et qui, onze mois après la délivrance des lettres de rémission, amena son départ pour Angers [3]. C'est du moins le motif qu'il donne de ce dernier événement, à l'occasion duquel il composa son premier Testament.

Les deux Testaments sont les seuls écrits où nous trouvions trace de cet amour, qui exerça certainement une grande influence sur la destinée du poète et que celui-ci cherche dans plusieurs de ses vers à rendre responsable de sa mort prochaine; ils ne donnent

---

1. Tous les détails qui précèdent sont tirés des plaidoiries du 15 décembre 1469 et jours suivants, que nous imprimons dans nos pièces justificatives sous le n° XIII.

2. Cet amour lui a inspiré une double ballade et les huitains 54 à 61 du Grand Testament, et il prétend dans la ballade finale de cet ouvrage qu'il mourait victime de l'amour.

3. *Petit Testament*, huit. 6.

néanmoins que de fort vagues notions sur l'objet de cette malheureuse passion. On ne peut conserver aucun doute sur l'identité de la belle dont les rigueurs amenèrent le départ de maître François en 1456 et la « damoiselle » dont il se plaint avec tant d'amertume en 1461. Quel était son nom? Villon l'appelle une fois : « M'amour, ma chère Rose », mais il semble que « Rose » ne soit ici autre chose que le nom d'une fleur dont la maîtresse du poète avait sans doute la fraîcheur : en effet, il ne paraît pas que Rose ait été employé comme nom de baptême au xv$^e$ siècle, en France du moins, et, d'autre part, Villon donne franchement le nom de « Katherine de Vaulselles [2] » à la dame de ses pensées.

Catherine de Vausselles! Nous n'avons rencontré jusqu'ici ce nom dans aucune des nombreuses pièces d'archives du milieu du xv$^e$ siècle qui ont passé sous nos yeux. Catherine appartenait cependant, tout au moins, à une famille bourgeoise, car Villon lui donne une fois la qualification « ma damoiselle » [3]. Il est un autre indice qu'à notre avis il ne faut pas négliger : la passion de maître François pour Catherine s'était développée à la faveur d'une fréquentation presque

---

1. *Grand Testament*, huitain 80.
2. *Ibid.*; double ballade sur l'amour, insérée à la suite du huitain 54 (strophe 5).
3.   Pourveu, s'il rencontre en son erre
     Ma demoyselle au nez tortu,
            (*Grand Testament*, huit. 83.)

journalière. La belle recevait le poëte avec une douceur, une bienveillance telle [1], que celui-ci s'était pris à espérer que ses sentiments seraient partagés.

Il paraîtra probable, peut-être, à plus d'un de nos lecteurs, que les entretiens si fréquents de Villon avec Catherine, dont il n'était pas l'amant déclaré, dénotent certainement la proximité de leurs demeures respectives. Or, Villon, à cette époque, était rentré dans la maison de maître Guillaume, au cloître de Saint-Benoît, puisqu'en écrivant son premier Testament il entendait sonner la cloche du collége de Sorbonne. Catherine de Vausselles serait-elle aussi une habitante du cloître de Saint-Benoît?

Nous répondrons à cette question par un rapprochement qui pourra paraître hasardé à quelques-uns. Le surnom que Villon attribue à Catherine était presque identique à celui d'un des quatre chanoines de Saint-Benoît-le-Bétourné, maître Pierre du Vaucel [2], que

1.  
    Quoy que je lui voulsisse dire,  
    Elle estoit preste d'escouter,  
    Sans m'accorder ne contredire ;  
    Qui plus est, souffroit m'escouter  
    Joignant elle, près s'accouter.  
                   (*Ibid.*, huit. 56.)

2. Pierre du Vaucel, maître ès-arts depuis 1423, étudia ensuite en théologie au collége de Navarre et paraît, dès l'année 1442, comme « *magister in theologia* ». Il remplit ensuite les fonctions de principal du collége de Navarre à partir de 1450, au plus tard, jusqu'en 1456, époque à laquelle maître Guillaume de Châteaufort lui succéda (Du Boulay, *Historia Universitatis Parisiensis*, t. V, p. 914; Launoy, *Regii Navarre gymnasii historia*, p. 165). Suivant Launoy, Pierre du Vaucel aurait quitté la direction de la

ses contemporains nommoient aussi Pierre de Vaucel.

Il y a certainement une légère différence orthographique entre ces deux noms, — de Vaucel et de Vausselles, — mais il ne faut pas attacher, à notre avis, une trop grande importance à la forme du dernier, qui sert de rime à *telles* (pour *toiles*), à *groselles* et à *telles* (adjectif) : Vausselles pourrait bien n'être qu'une forme nécessitée par la rime, ce qui ne serait pas fort surprenant chez un auteur qui transforme en *Louvieulx* le surnom de Nicolas de Louviers, afin de le faire rimer à *vieulx, tieulx* et *mieulx*. Aussi

---

maison de Navarre, après avoir obtenu un bénéfice ecclésiastique d'une certaine importance *(idoneum sacerdotium)*; il ne nous dit pas quel était ce bénéfice, mais les documents contemporains nous apprennent que c'était un des quatre canonicats de Saint-Benoît-le-Bétourné et que Pierre du Vaucel le tint du moins de 1456 à 1472 (Archives nationales, L. 379). Si les expressions de l'historien du collége de Navarre signifient que notre personnage n'obtint aucune prébende avant l'année 1456, il faudrait le distinguer de « maistre Pierre du Vaucel, chevesier et chanoine de l'église de Saint-Estienne des Grecz », que mentionne un acte en date du 2 avril 1445.

Le chanoine de Saint-Benoît est « nommé « maistre Pierre *de* Vaucel » dans une enquête du Châtelet faite dans le collége de Navarre même, au mois de mars 1456, v. st. (Voir plus loin au n° VI des pièces justificatives); ce qui prouve que les contemporains l'appelaient indifféremment « *de* Vaucel » ou « *du* Vaucel ». Cependant, cette dernière forme est la seule exacte, comme le montre une signature de cet ecclésiastique que nous avons rencontrée sur un acte du 18 octobre 1468 (Archives nationales, S. 889). *De Vaucello* est l'unique forme latine du surnom de maître Pierre qui nous soit fournie par les actes du xv<sup>e</sup> siècle. La famille du Vaucel appartenait certainement au quartier de Saint-Benoît, car en 1445 on trouve mention d'une maison située « en la grant rue Sainct-Jacques, au-dessoubz et près ladite église du costé et rue d'icelle, laquelle maison fut à feu Jehan du Vaucel. » (*Ibid.*, S. 889.)

émettrons-nous cette conjecture : Catherine de Vausselles pouvait être la nièce de maître Pierre du Vaucel ; elle pouvait, en outre, demeurer chez lui, au cloître de Saint-Benoît. Mais revenons à notre sujet, c'est-à-dire à l'amour de Villon pour Catherine :

Malgré l'espoir dont Villon se berçait en raison de la bienveillance que lui témoignait Catherine, un jour vint où il fut désabusé ; mais, après ce songe d'amour, le réveil fut d'autant plus cruel pour Villon que sa déconvenue n'était un mystère pour personne : on l'appelait partout « l'Amant remis et renié [1] ». Qu'était-il arrivé ? L'amant de Catherine ne le dit pas ouvertement : celle, écrit-il quelque part

> Qui si durement m'a chassé [2].

Il semble cependant qu'il ait fini par obtenir un rendez-vous nocturne, qui n'était en réalité qu'un guet-apens préparé sans doute à l'instigation d'un rival, — ou peut-être du gardien naturel de la jeune fille, — et dans lequel il fut battu « comme à ru telles », c'est-à-dire « comme on bat les toiles au

---

1.  Comme moy, qui partout m'appelle
    L'amant remys et renyé.
    (*Grand Testament*, huit. 59.)
2. *Petit Testament*, huit. 10. — Dans la ballade finale du Grand Testament on retrouve encore cette même pensée :
    Car chassié fut, comme ung soullon,
    De ses amours hayneusement.
    (strophe II, vers 2-3.)

ruisseau ». Un certain Noël le Joly était là [1] : ce fut lui, probablement, l'exécuteur de la correction infligée à Villon, qui, dans sa rancune, lui légua en 1461 une poignée d'osiers frais dont maître Henri, le bourreau de Paris, devait lui administrer deux cent vingt coups afin d'exécuter la volonté du testateur [2].

On ne sait si le « martyr d'amour [3] » revit Catherine dans l'espace de temps qui s'écoula entre son départ pour Angers (décembre 1456) et l'époque où il écrivait son second Testament (fin de l'année 1461). Quoi qu'il en soit, il est certain que le cœur du poète saignait aussi cruellement à cette dernière époque que cinq années auparavant. On retrouve tout d'abord dans le Grand Testament l'amant résigné que nous connaissons par le poème daté de 1456. Il est victime

1.
>De moy, povre, je vueil parler;
>J'en fuz batuz, com à ru telles,
>Tout nu; je ne le quiers celer.
>Qui me fist mascher ces groselles,
>Fors Katherine de Vaulselles?
>Noë le tiers est qui fut là.
>Mittaines à ces nopces telles,
>Bien heureux est qui rien n'y a!
>       (Double ballade sur l'Amour, str. 5.)

2. *Grand Testament*, huit. 142.

3. Villon dit, dans la ballade finale de son second Testament, qu'il mourut victime de l'amour.
>Icy se clost le Testament
>Et finist du povre Villon.
>Venez à son enterrement,
>Quant vous orrez le carillon,
>Vestus rouges com vermillon,
>*Car en amours mourut martir.*

de l'amour; mais n'est-ce pas l'humaine destinée? De plus grands que lui y ont perdu, celui-ci sa vie, celui-là son honneur, et il rappelle à ce propos, dans une double ballade d'une naïveté charmante, le roi Salomon, Samson, Orphée « le doux ménestrier », Narcisse « le bel honnestes ²; Sardina « le preux chevalier »; le roi David, son fils Ammon, et Hérode le Tétrarque. Cependant, malgré tous les dangers qui environnent l'amour, jamais « le jeune bachelier », dit-il, ne saura résister aux attraits des « jeunes bachelettes ». Villon se prend ensuite à rappeler l'accueil qu'il recevait de sa maîtresse, se plaint d'avoir été abusé par elle en toutes choses, et conclut en reniant les Amours, lui, « l'amant renié ». Puis, constatant le mauvais état de sa santé, qui, dit-il, annonce une fin prochaine, il se décide à dicter son Testament.

Enfin, Villon commence à tester : sans doute il ne reviendra plus sur ses tristes amours. Tout d'abord, il songe à Dieu, auquel il laisse son âme, à « nostre grant mère la Terre », qui recevra son corps, et parle ensuite de ceux qui resteront, après lui, dans ce monde terrestre. Ses premières pensées sont alors pour maître Guillaume de Villon, pour sa « bonne mère », et c'est justice; mais la ballade qu'il lègue à la pieuse femme dont il est l'unique enfant, cette prière qui prouve que Villon était resté sincèrement croyant, même dans ses plus mauvais jours, cette ballade, disions-nous, est à peine transcrite, que le souvenir de la maîtresse du poète vient de nouveau le troubler; mais cette fois, la jalousie le domine. Déjà, cinq ans auparavant, lors de son départ pour Angers, ce sentiment avait failli se faire jour dans ses vers : maître François avait exprimé l'idée qu'un autre était en faveur près de la belle :

> Comme mon povre sens est dur!
> Autre que moy est en quelongne [1].

C'était là, néanmoins, la parole la plus dure, pour l'honneur de Catherine, qui lui fût échappée. Cette fois, au contraire, il donne libre cours aux pensées les plus outrageantes : il accuse de cupidité celle dont il ne parlait jadis qu'avec une douceur résignée [2]; et, sans doute, il suppose que la conduite de sa belle est loin d'être irréprochable, car en lui envoyant par Perrenet de la Barre une ballade dont tous les vers se terminent par la lettre *r*, il commande à son messager de l'aborder par cette grossière apostrophe : « Orde paillarde, d'où viens-tu [3] »? Et cependant il n'est pas en état de justifier une telle insulte, puisqu'il ne peut, avec certitude, reprocher à Catherine d'être moins rebelle à d'autres admirateurs :

> Ne sçay s'a tous est si rebelle
> Qu'à moy : ce ne m'est grant esmoy;

1. *Petit Testament*, huit. 7.
2. Nous reviendrons plus loin sur cette accusation.
3. *Grand Testament*, huit. 63.

> Mais, par saincte Marie la belle!
> Je n'y voy que rire pour moy [1].

On ne sait guère rien de plus sur cette passion de Villon. Mais, nous dira-t-on, si Villon connut à un moment l'amour vrai, que dire de son accouplement avec la grosse Margot, de son union avec cette immonde créature dont il aurait été le valet. C'est là une page de la vie du poète qui soulève le cœur à tous les biographes et sur laquelle nul n'est tenté de s'appesantir. La ballade de la grosse Margot existe, on ne peut le nier; elle est signée de Villon [2], et on peut toujours reprocher à un écrivain la peinture de certaines mœurs, mais ces mœurs étaient-elles devenues celles du malheureux amant de Catherine? Nous l'avons cru jadis; nous ne le croyons plus aujourd'hui. Et, en effet, « la grosse Margot », auquel Villon adressa sa cynique ballade, n'était pas une femme de chair et d'os; c'était alors simplement l'enseigne d'une taverne que fréquentait Villon et ses compagnons, et que nous trouvons mentionnée en 1452 à l'occasion de l'un d'entre eux; Regnier de Montigny qui, une certaine nuit, avait battu le guet à la porte de « l'ostel de la Grosse Margot [3] ». Cette enseigne était encore si populaire au

---

1. *Grand Testament*, huit. 62.
2. Les six premiers vers de l'envoi de la ballade dite de la Grosse Margot donnent en acrostiche le nom de « Villon ».
3. Voyez plus loin, n° III des pièces justificatives.

temps de Louis XIII, qu'elle servait alors concurremment avec une autre enseigne, la Cloche-Perce, à désigner une rue du quartier de Grève [1]. Notre interprétation du nom de la Grosse Margot résulte, non-seulement de la connaissance de plusieurs textes étrangers à notre auteur, mais aussi des vers même de Villon, qui ne permettent pas de voir autre chose, sous cette dénomination familière, qu'une « pourtraiture », c'est-à-dire une représentation figurée :

> Item, à la Grosse Margot,
> Très doulce face et pourtraicture,
> Foy que doy *brelare bigod*,
> Assez devote créature.
> Je l'aime de propre nature,
> Et elle moy la doulce sade.
> Qui la trouvera d'aventure
> Qu'on luy lise cette ballade [2].

et sans doute Villon, en parlant de la Grosse Margot, faisait allusion à quelque vieille plaisanterie de ses amis qui, en raison de son assiduité à la taverne, lui avaient prêté un tendre penchant pour le coquet visage qui était peint sur son enseigne.

---

[1]. Sauval (*Histoire et antiquités de la ville de Paris*, t. I, p. 126), dit en parlant de la rue Cloche-Perce : « Et depuis huit ou dix « ans, à l'occasion d'une autre enseigne de la Grosse Margot, qu'a « mis là un tavernier fameux pour son bon vin, on l'a nommée la rue de la Grosse Margot. »

[2]. *Grand Testament*, huit. 140.

III

## LES EXPLOITS D'UNE BANDE DE VOLEURS [1]

Les débuts de l'enquête judiciaire. — Maître Guy Tabarie et le prieur de Paray. — L'interrogatoire de Tabarie.

Deux mois et demi après le moment auquel Villon écrivait son premier Testament en annonçant son départ pour Angers, les administrateurs du collége de Navarre étaient en grand émoi. Ils venaient de constater le détournement d'une somme considérable, — 500 écus d'or, — contenue dans un petit coffre de noyer à trois serrures et à bandes de fer, lequel était lui-même enchaîné dans un autre coffre que renfermait le revestiaire ou sacristie de la chapelle du collége. La justice fut immédiatement prévenue, et le 9 mars

---

[1]. Ce chapitre a été écrit, presque exclusivement, à l'aide des documents judiciaires que nous publions sous les numéros VI et X de nos pièces justificatives.

1457 (n. st.), dès sept heures du matin, deux examinateurs au Châtelet de Paris, Jean Mautaint [1] et Jean du Four se transportèrent au lieu où le larcin avait été commis : là, ils rencontrèrent Guillaume de Châteaufort, principal du collége, en compagnie de Guillaume Évrard, Pierre Caros et Alain Olivier, tous trois docteurs en théologie, ainsi que du grand bedeau de la Faculté, Laurent Pousterel, auquel appartenait la cinquième partie de la somme volée. Toutes les issues de la maison de Navarre furent fermées par l'ordre des magistrats, comme si ceux-ci eussent craint que leur présence n'occasionnât la fuite de quelque individu suspect. On passa alors dans le revestiaire et là, en présence des personnages déjà nommés, auxquels s'étaient joints le proviseur du collége, maître Étienne Paquot, et trois sergents à verge, les examinateurs visitèrent les coffres, où l'on trouva seulement, — enfermés dans le coffret, — un papier indiquant les sommes qui y avaient été jadis déposées, et deux cédules relatant chacune un dépôt d'argent.

Les examinateurs firent ensuite des perquisitions dans les chambres qu'occupaient le proviseur du collége et trois autres maîtres qui, ayant la garde des clefs de la chapelle et du revestiaire, pouvaient être l'objet de quelques soupçons; mais on ne trouva rien

---

1. Jean Mautaint est nommé dans les deux Testaments de Villon; nous en parlerons plus loin.

qui fût de nature à motiver des poursuites contre eux, car le proviseur et maître Guillaume de Campanes, détenteurs, celui-ci de cent-vingt, celui-là de trente écus, répondirent d'une manière satisfaisante aux questions qu'on leur adressa.

On eût volontiers ordonné la visite immédiate des serrures de chacun des coffres par des experts, si ces derniers s'étaient trouvés en nombre suffisant. Remise au lendemain, 10 mars, cette visite fut confiée à neuf serruriers qui, après avoir prêté serment aux mains des commissaires du Châtelet, se livrèrent à un examen minutieux des serrures. Les experts constatèrent alors, dans un rapport que nous n'analyserons pas ici, les violences — crochetages et soulèvements, — dont ces fermetures avaient été l'objet, et déclarèrent qu'à leur avis ces violences ne pouvaient remonter à plus de deux ou trois mois.

L'enquête achevée, il fallut attendre du hasard quelques révélations sur l'auteur ou sur les auteurs du larcin; elles ne tardèrent pas à se produire. En effet, quelques semaines plus tard, un prêtre du diocèse de Chartres, maître Pierre Marchand, prieur-curé de Paray-le-Moniau, près d'Ablis, était de passage à Paris, où il était arrivé le 23 avril 1457. Le lendemain ou le surlendemain de ce jour, il déjeunait à la taverne de la Chaire, au Petit-Pont, avec un autre ecclésiastique et maître Guy Tabarie, que Villon désigne, dans le Grand Testament, comme l'auteur d'une copie du roman du *Pet-au-Diable* [1]. Guy Tabarie parla beaucoup de lui-même et conta à maître Pierre qu'il avait été longuement détenu, comme crocheteur, dans les prisons de l'évêque de Paris. A cette confidence, le prieur de Paray, qui avait entendu parler d'un vol de cinq ou six cents écus commis au préjudice d'un religieux augustin de Paris, frère Guillaume Coiffier, eut l'idée de questionner maître Guy sur la manière dont il crochetait les serrures, espérant en tirer quelque indice sur l'événement qu'il connaissait. Mais, pour arriver à ce résultat, il fallait capter la confiance de Tabarie; aussi n'hésita-t-il pas à exprimer le désir de participer aux nouvelles expéditions que maître Guy et ses complices pourraient entreprendre. Il paraît que dans cette dissolue société du xv° siècle, un tel désir, exprimé par un ecclésiastique, n'avait rien qui dût surprendre; car cette ruse réussit et Tabarie dit au prieur que lui et ses compagnons avaient des crochets auxquels nulle serrure, si forte qu'elle fût, ne pouvait résister. Il promit de lui montrer de ces engins; quant à ceux que lui, Tabarie, possédait en dernier lieu, il avait dû les jeter dans la Seine de peur qu'on ne les trouvât en sa pos-

---

1.  Je lui donne ma librairie
    Et *le romant du Pet-au-Diable,*
    Lequel maistre Guy Tabarie
    Grossoya, qu'est hom' véritable.
    (*Grand Testament,* huit. 78.)

session. Il lui dit en outre qu'un de ses complices, un orfèvre connu sous le nom de Thibaud ou de Petit-Thibaud, fabriquait des crochets « de diverses sortes et de plusieurs façons », et qu'il se chargeait aussi de fondre l'or et l'argent provenant de leurs expéditions.

Les deux nouveaux amis se retrouvèrent le jour suivant, et le prieur de Paray, continuant le jeu de la veille, mena boire maître Guy à la taverne de la Pomme-de-Pin, en la rue de la Juiverie, de la Cité [1]. Au sortir de la taverne, le transcripteur du *Pet-au-Diable* conduisit à son tour maître Pierre à l'église de Notre-Dame, et lui montra quatre ou cinq « compaignons » qui, récemment évadés des prisons de l'évêque, « tenoient franchise en ladite église. » L'un de ces « compaignons, » dont le prieur ne paraît pas avoir retenu le nom, mais qui ne semble pas différent de Petit-Jean, l'un des acolytes de Tabarie, fut particulièrement signalé par celui-ci à maître Pierre ; c'était un jeune homme de vingt-six ans environ, de petite taille, portant les cheveux longs derrière la tête, le plus subtil de toute la bande, le plus habile à crocheter, au dire de maître Guy, qui ajoutait « que rien ne lui estoit impossible en tel cas. » Cet éloge prononcé, maître Guy procéda à une présentation régulière, et le prieur fut gracieusement accueilli par

---

1. Cette taverne et son propriétaire, Robin Turgis, étaient fort connus de Villon (voyez, plus loin, le chapitre consacré aux légataires du poète).

les amis de Tabarie, qui cependant ne lui parlèrent de leurs exploits et de leurs projets qu'en termes généraux.

Par la suite, maître Guy, témoignant encore plus de confiance au prieur de Paray, lui fit part des entreprises qu'il comptait exécuter à l'aide de ses complices, aussitôt que ceux-ci pourraient sortir de la franchise de Notre-Dame : Thibaud, dit-il, préparait des crochets pour ouvrir la chambre et les coffres d'un certain maître Robert de la Porte, alors absent de Paris, et l'on n'attendait plus, pour agir, qu'un frère du couvent des Augustins, parent de Thibaud, lequel avait promis de cacher les compagnons dans sa cellule, où il devait leur livrer des habits de religieux afin qu'ils pussent accomplir plus facilement leur projet. Passant ensuite au récit de ses propres aventures, Tabarie constata que sa récente délivrance des prisons de l'évêque était due à l'argent de frère Guillaume Coiffier.

Dès lors, il n'y eut plus de doute pour maître Pierre Marchand! Il avait trouvé un complice des larrons dont il cherchait la trace. Se gardant bien de laisser voir la joie que lui causait évidemment cette découverte, il questionna maître Guy au sujet de l'affaire Coiffier et en tira de précieux renseignements sur les exploits de l'association dont il faisait partie. Les compagnons avaient d'abord tenté un coup nocturne sur l'église des Mathurins, mais « les chiens iles

« avoient accusez ». C'est à la suite de cet échec qu'ils opérèrent audacieusement en plein jour, chez frère Guillaume Coiffier, pendant qu'un des complices avait mené ce religieux à l'église des Mathurins pour lui faire célébrer une messe; on rapporta de cette expédition une somme de cinq ou six cents écus d'or et de la vaisselle d'argent que les bandits se partagèrent. Tabarie, détenu à cette époque dans la prison épiscopale, reçut pour sa part huit écus que Thibaud lui apporta et qui furent employés à corrompre le geôlier. Depuis sa délivrance, Guy et ses complices étaient allés au collége de Navarre, où ils dérobèrent cinq ou six cents autres écus; ce beau gain n'empêchait pas cependant les compagnons de maudire un des leurs qui, paraît-il, les avait détournés de crocheter une armoire où l'on aurait trouvé quatre ou cinq mille écus.

Le prieur continuant à recevoir les confidences de Tabarie, celui-ci lui amena un certain jour un compagnon de l'âge de trente ans environ, homme de petite taille, à la barbe noire, portant un vêtement court: c'était un habile larron, connu sous le nom de maître Jean ou Petit-Jean. Les deux bandits donnèrent rendez-vous à l'ecclésiastique, pour le lundi 16 mai, à Saint-Germain-des-Prés, où l'on devait discuter le plan de la plus prochaine entreprise, et ils lui dirent que Thibaud soumettait à la réunion les crochets qu'il avait préparés.

Le 16 mai, les conjurés attendirent vainement Pierre Marchand, auquel maître Guy fit visite en revenant de Saint-Germain. Le prieur de Paray s'excusa d'avoir manqué à sa promesse, retint Tabarie pour le déjeuner et en apprit alors quelques nouvelles. Guy, Thibaud et Petit-Jean s'étaient réunis; Thibaud avait apporté ses crochets afin de les montrer au prieur. Quant à l'entreprise contre Jean de la Porte, on avait décidé de la remettre à quelque temps, car elle était « ung peu esvantée. » C'était là un fâcheux contre-temps, Tabarie ne se le dissimulait pas; cependant les affaires de l'association n'étaient pas en mauvaise voie, et, à ce propos, maître Guy parla pour la première fois au prieur d'un de ses complices « nommé maistre François Villon. » C'était sans doute un bien adroit compagnon que ce maître François, qui voyageait en ce moment dans le but de préparer un magnifique coup de filet! Au dire de Tabarie, Villon, neveu d'un religieux d'Angers, était parti pour cette ville afin d'étudier « l'estat » d'un vieux moine, possesseur de cinq ou six cents écus, et la bande n'attendait qu'un signal de son éclaireur pour s'élancer à la conquête de ce petit trésor.

Maître Pierre Marchand jugea-t-il qu'il ne pouvait plus rien tirer de Guy Tabarie sans se compromettre lui-même, ou bien fut-il forcé de quitter Paris après un séjour de quatre semaines environ? Nous l'ignorons. Il est certain, toutefois, que le lendemain du jour où Tabarie lui avait parlé de Villon, il fit sa déposition par devant maître Jean du Four, examinateur au Châtelet de Paris, qui, au mois de mars 1457, avait été chargé d'instruire l'affaire du collége de Navarre, conjointement avec l'un de ses collègues.

La prévôté de Paris dut faire immédiatement des recherches pour s'emparer des divers membres de l'association à laquelle appartenait Villon. Mais l'éveil fut sans doute donné à Tabarie et à ses complices, car il ne semble pas qu'aucun d'eux soit tombé dans les mains de la justice parisienne avant l'été de 1458, c'est-à-dire plus d'un an après la déposition du prieur de Paray. Maître Guy Tabarie fut pris tout d'abord et enfermé dans les prisons du Châtelet. Il se réclama probablement de l'évêque de Paris en sa qualité de clerc, passa le 26 juin 1458 dans les prisons de l'officialité, et comparut le 5 juillet devant l'official, assisté de plusieurs membres de la cour épiscopale, Guillaume Sohier, Jean Rebours, Denis le Comte, François de la Vacquerie [1], Jean Laurens, Jean le Fourbeur et Jean Truisy. Il donna des renseignements assez précis sur les divers vols dont il avait parlé à Pierre Marchand, bien qu'à l'entendre il eût été moins coupable que ses compagnons.

C'est aux environs de la Noël 1456 que le vol aurait été effectué. Guy Tabarie, dont nous analysons les

---

1. François de la Vacquerie et Jean Laurens, qui suit, sont nommés tous deux dans le *Grand Testament* (huit. 113 et 114).

aveux, rencontra vers cette époque maître François Villon en compagnie d'un certain Colin de Cayeux qu'il connaissait seulement pour l'avoir vu avec Villon, sur l'ordre duquel il fit préparer à la taverne de la Mule, en face l'église des Mathurins, un dîner dont un religieux picard du nom de dom Nicolas et Petit-Jean prirent aussi leur part. Après le dîner, tous les cinq s'acheminèrent vers la demeure de maître Robert de Saint-Simon et, y ayant pénétré en franchissant un petit mur, ils y déposèrent leurs vêtements de dessus (*gippons*). Ils se dirigèrent ensuite vers le collége de Navarre, et, à l'aide d'un râtelier qu'ils avaient pris chez Robert de Saint-Simon, ils escaladèrent un grand mur donnant sur la cour du collége. Tabarie prétendit ne rien savoir de ce qui s'était passé à l'intérieur de la maison de Navarre, car il n'y aurait pas accompagné ses acolytes et serait retourné attendre leur retour et garder leurs vêtements dans la maison de Robert. Enfin, les compagnons le rejoignirent au bout de deux heures environ, c'est-à-dire vers minuit, et lui donnèrent dix écus d'or sur le produit de leur expédition, produit que les quatre larrons se partagèrent également entre eux et qu'ils évaluaient devant lui à cent écus. Ils reconduisirent ensuite maître Guy et, en le quittant, lui dirent qu'on avait réservé deux écus pour le dîner du lendemain. Cependant Tabarie, ayant su depuis que la somme enlevée au collége de Navarre était supérieure à celle dont on lui avait parlé, en fit l'observation, et ses amis reconnurent que chacun d'eux avait eu cent écus pour sa part.

C'est là tout ce qu'avoua maître Guy.

Tabarie ignorait absolument quel moyen ses compagnons avaient employé pour ouvrir les coffres du collége de Navarre : il ne leur avait pas vu de crochets et rapporta seulement que Colin de Cayeux avait la réputation d'un adroit crocheteur, mais que Petit-Jean passait pour être plus habile encore.

Questionné sur le vol commis au préjudice du religieux augustin, il rappela qu'à l'époque où ce larcin avait eu lieu, il était détenu par l'autorité ecclésiastique pour s'être battu avec Casin Cholet [1] : il ne pouvait donc rien savoir de ce fait, et se refusa à reconnaître pour vrai tout ce qu'il avait dit au prieur de Paray relativement à sa délivrance et au voyage de Villon à Angers. Il n'essaya pas cependant de nier ses relations avec Villon, qu'il connaissait depuis longtemps, mais il déclara qu'il avait vu Petit-Jean pour la première fois le jour de l'expédition contre le collége de Navarre; quant à Colin de Cayeux, il répéta qu'il ne l'avait jamais rencontré autrement qu'avec maître François. Enfin, interrogé une dernière fois au sujet de sa sortie de la prison épiscopale, que la déposition du prieur attribuait à la corruption du geôlier, il s'exprima moins nettement qu'il ne l'avait fait dans son entretien

---

1. Villon mentionne aussi ce Cholet, huit. 24 du *Petit Testament*, et huit. 99-100 du *Grand Testament*.

avec Pierre Marchand : Colin de Cayeux, c'est du moins ce qu'il prétendait tenir de ce personnage même, aurait donné quatre écus à Petit-Thibaud pour le tirer de captivité, lui, Tabarie, qui, peu après, ouït dire que Thibaud était soupçonné d'avoir pris part au vol.

L'interrogatoire fut alors suspendu et l'on donna lecture à maître Guy de la déposition du prieur de Paray. Tabarie, courbant la tête devant ce témoignage, ne persista pas dans ses dénégations, reconnut la réalité des faits énoncés par Pierre Marchand, et fit de nouveaux aveux. Il rapporta, par exemple, qu'au dire de Villon, les serrures des coffres de la maison de Navarre avaient été crochetées. Il continua toutefois à nier sa participation au vol du collége, car il était resté dans la maison de Robert de Saint-Simon pour garder les robes de ses compagnons, et c'est parce qu'il n'avait pas prêté un concours actif aux larrons que sa part de butin n'avait pas dépassé dix écus.

Ces déclarations ne parurent pas suffisantes aux juges, qui ordonnèrent que Tabarie subirait la question. Maître Guy, dépouillé de ses vêtements, fut placé dans une courte-pointe et on lui donna la question avec le petit tréteau, c'est-à-dire la question ordinaire, mais il ne confessa rien. C'est alors qu'il fut mis à la question extraordinaire du grand tréteau, durant laquelle il déclara ne savoir du vol commis chez frère Guillaume Coiffier que ce qu'il en avait appris de Petit-Thibaud, car, lors de cette expédition, il était détenu dans les prisons épiscopales, dont il sortit, avoua-t-il cette fois, grâce aux quatre écus qu'on lui donna et qui servirent à corrompre le geôlier. Il supplia ensuite ses juges de le faire délivrer de la gehenne, promettant de dire toute la vérité. On fit droit à sa requête et, suivant le notaire épiscopal, l'accusé serait entré dans la voie des révélations. Il ne semble pas toutefois que celles-ci aient ajouté des données importantes à ce que l'on savait déjà, car le scribe se borne à rappeler que Tabarie avait ouï dire par Villon que celui-ci et ses complices s'étaient emparés, dans le collège de Navarre, d' « un autre sac renfermant « une somme plus grande », et que chacun d'eux en avait eu quatre-vingts écus ; mais Guy n'avait rien vu de cet argent.

A la suite de ces aveux, Tabarie fut reconduit dans sa prison en présence d'Étienne de Montigny et de Robert Tuleu, docteurs en décrets, ainsi que de Simon Chappitault, Denis le Comte, François Ferrebouc et François de la Vacquerie, licenciés en droit canon ..... Mais là s'arrêtent nos renseignements sur son affaire, et nous ignorons quelle sentence fut prononcée contre lui. Il convient maintenant de dire quelles conséquences la déposition du prieur de Paray eut pour Villon.

## IV

### VILLON DEVANT LA JUSTICE

La condamnation à mort. — L'appel au Parlement. — Le second exil. — Coup-d'œil en arrière : les repues franches, les amours de Villon, Colin de Cayeux et Regnier de Montigny.

La déposition de Pierre Marchand, le prieur de Paray, avait eu pour résultat de désigner maître François Villon à la justice comme un homme dangereux, affilié à une bande de voleurs; les aveux de Guy Tabarie, où Villon semblait être représenté comme le chef, l'inspirateur de cette bande, ne devait pas modifier l'opinion du tribunal ecclésiastique dans un sens favorable à notre poète. Cependant celui-ci, qui était parti pour Angers vers la fin de décembre 1456, ne devait pas encore être rentré à Paris au mois de juillet 1458, époque à laquelle Tabarie comparaissait devant ses juges, car il n'aurait pu échapper à la police parisienne, qui le recherchait depuis le 17 mai 1457.

Un jour vint néanmoins, — soit en 1458, soit en 1459, soit même en 1460, — que Villon tomba aux mains de la justice dans des circonstances que nous ignorons. Justiciable de l'église, en sa qualité de clerc, il dut répondre de ses méfaits devant des juges ecclésiastiques, et probablement devant la cour de l'évêque de Paris.

Rien n'est moins certain, toutefois, que le lieu où Villon fut jugé. On n'a, en effet, d'autre renseignement sur son procès que ce qu'il nous apprend lui-même par ses vers. On sait, par exemple, qu'il fut mis à la question et condamné à la potence; c'est alors qu'il composa la fameuse ballade des Pendus. Mais notre poète protesta contre la peine, « arbitraire » à son avis, à laquelle on l'avait condamné « par tricherie, et il en appela au Parlement [1].

Peut-être Villon était-il moins coupable que ne l'avaient fait croire les aveux de Tabarie; peut-être aussi ses amis, et surtout son « plus que père, » maître Guillaume, qui le sauva « de maint boillon, » le recommandèrent-ils chaleureusement à l'indulgence de la cour. Toujours est-il que le Parlement ne ratifia pas l'arrêt de mort et se contenta de prononcer contre maître François la peine du bannissement; c'est du moins ce qui résulte de la requête en forme de ballade que le condamné adressa à la Cour et où il demandait

---

[1] Ballade de l'appel de Villon.

un sursis de trois jours afin de pourvoir aux affaires urgentes et dire adieu aux siens [1].

En l'absence des pièces du procès de Villon, nous ne pouvons examiner aujourd'hui la conduite du poète, pendant l'année 1456, qu'à travers les confidences ou les aveux de Guy Tabarie qui, il faut en convenir, nous le présentent comme la plus forte tête, sinon comme le chef de la bande dont maître Guy, Colin de Cayeux, dom Nicolas, Petit-Jean et Petit-Thibaud faisaient alors partie. Il ne paraît pas cependant que les débats qui précédèrent et suivirent la condamnation à mort de Villon aient eu une grande influence sur le jugement que les contemporains portèrent sur ce curieux personnage. La tradition parisienne, représentée par un écrit rimé que l'imprimerie popularisa dès la fin du xv<sup>e</sup> siècle, le considère seulement comme le chef d'une bande vivant d'escroqueries journalières. Villon y apparaît bien, de même que dans la déposition du prieur de Paray, comme un homme vivant d'expédients ; mais il ne songe pas, comme dans cette pièce judiciaire, à dépouiller les religieux que la fortune a favorisés. Son unique préoccupation est de procurer à ses « sujets », grâce aux

---

1. Prince, trois jours ne vueillez m'escondire,
Pour moy pourvoir, et aux miens adieu dire;
Sans eulx, argent je n'ay, icy ne au changes.
Court triumphant, bien faisant sans mesdire;
Mere des bons et seur des benoistz anges.

ruses les plus variées, le repas auquel ils sont sur le point de renoncer. En un mot, l'auteur des *Repues franches* le dit bien haut :

> C'estoit la mere nourriciere
> De ceulx qui n'avoient point d'argent :
> A tromper devant et derriere,
> Estoit un homme diligent[1].

Nous ne pensons pas qu'on puisse assigner à cette période si besogneuse de la vie de Villon, — la période des repues franches, — une autre date que celle de l'année 1456 (n. st.), et nous nous fondons sur deux faits indiscutables, à notre avis. Le premier, c'est qu'avant le meurtre de Philippe Sermoise, Villon ne s'était rendu coupable d'aucun délit dont la justice pût s'émouvoir; le second, c'est que dans le laps de temps qui s'écoula entre son départ pour Angers (décembre 1456) et sa prison de Meung-sur-Loire (1461), il ne semble pas être revenu dans la capitale, si ce n'est peut-être comme prisonnier. Ces deux raisons doivent suffire, car il ne paraît pas qu'après sa délivrance par le roi Louis XI, Villon eût pu mener une existence irrégulière à Paris, alors que la police parisienne, instruite de ses antécédents judiciaires, ne pouvait manquer d'avoir l'œil sur lui.

Cependant, ces habitudes d'escroc poussé par le

---

1. *Le Recueil des repues franches*, qui, à partir de 1532, figure dans toutes les éditions des œuvres de Villon à l'exception de la première des éditions données par Marot.

besoin d'un repas paraissent fort étranges, de la part d'un homme qui, comme Villon, était affilié à une bande de malfaiteurs dont les besoins matériels devaient être amplement couverts par le produit d'expéditions fréquentes et productives. On se souvient, en effet, que chacun des membres de cette association dut avoir une centaine d'écus, de l'argent de frère Guillaume Coiffier; qu'une somme aussi forte lui fut attribuée à la suite de l'expédition au collége de Navarre; enfin que le larcin projeté au détriment du religieux d'Angers aurait amené une recette à peu près semblable. Si, malgré cela, maître François était souvent réduit à inventer les ruses les plus diverses pour satisfaire son estomac, il est de toute nécessité d'admettre que l'argent n'habitait pas longtemps dans sa bougette. Du reste, lui-même reconnaît, dans sa *Ballade de bonne doctrine à ceulx de mauvaise vie*, que l'argent acquis par des moyens déshonnêtes ne porte aucun profit :

> Où en va l'acquest? Que cuidez?
> Tout aux tavernes et aux filles.

Il ne pouvait guère en être autrement pour Villon, que dévorait alors une flamme amoureuse, dont les rigueurs de la belle augmentaient encore l'intensité : La plus grande partie de l'or que le jeune maître ès-arts se procurait par des voies criminelles passait sans doute dans les mains de Catherine de Vaussselles. Le poète prétend en effet que sa maîtresse n'aimait rien tant que l'argent :

> Item, m'amour, ma chere Rose,
> Ne luy laisse ne cuer, ne foye;
> Elle aimeroit mieulx autre chose
> Combien qu'elle ait assés monnoye.
> Quoy? une grant bource de soye
> Plaine d'escuz, parfonde et large;
> Mais pendu soit-il, que je soye,
> Qui luy lairra escu ne targe.
>
> Car elle en a, sans moy, assés [1].

Et, lorsque dans un moment de jalousie, il suppose l'existence d'un rival préféré, il insinue que le principal mérite de celui-ci est de faire entendre plus fréquemment le son de l'argent :

> Comme mon povre sens consoit,
> Autre que moi est en quelongne,
> Qui plus billon et plus or songne,
> Plus jeune et mieulx garny d'umeur [2].

Cette manière d'envisager la situation de Villon en 1456 est, du reste, la seule qui permît de justifier les récriminations de Villon contre l'amour, responsable, à son avis, de tous les maux qu'il endura jusqu'en 1461. Ainsi, ce fut peut-être pour satisfaire aux fan-

---

1. *Grand Testament*, huit. 80-81.
2. *Petit Testament*, huit. 7. La leçon que nous donnons ici n'est fournie que par un seul des trois manuscrits du Petit Testament qui donnent ce huitain, inconnu à toutes les éditions anciennes, et

taisies de la jeune « damoiselle, » ce fut sans doute tout au moins pour toucher le cœur de la belle insensible par de riches présents, que maître François se laissa entraîner à cette série de vols que nous révèle l'interrogatoire de Guy Tabarie.

Ce dernier document ne nous apprend pas quels furent les initiateurs du poète dans cette voie d'opprobres, et on ne les connaîtra peut-être jamais d'une manière positive. Il y a tout lieu de supposer cependant que le mauvais génie de Villon fut Colin de Cayeux, l'habile crocheteur que Tabarie rencontra plusieurs fois dans la compagnie de maître François.[1]. On peut aussi compter, au nombre des plus dangereuses liaisons de Villon, celle qu'il contracta avec un autre écolier parisien, Regnier de Montigny. Colin et Regnier jouissaient l'un et l'autre de la plus triste

---

elle résulte sans doute d'une correction. Suivant le manuscrit de Paris (1661 du fonds français) et le manuscrit de Stockholm, Villon aurait écrit :

   Autre que moy est en queloingne,
   Dont oncques soret de Bouloingne
   Ne fut plus altéré d'humeur

Remarquons à ce propos la singulière méprise de Prompsault, qui a lu dans le ms. de Paris *foret* au lieu de *soret* (hareng). Le vers de Villon n'ayant dès lors aucun sens, M. Paul Lacroix a cru pouvoir remanier le vers de cette façon :

   Onc loup en forest de Bouloingne

et dit en note (p. 12 de l'édition de la Bibliothèque Elzévirienne) : « Ce vers prouve qu'il y avait encore des loups dans la forêt, c'est-à-dire au bois de Boulogne. »

1. Voyez l'interrogatoire de Guy Tabarie sous le n° X des pièces justificatives de ce volume.

réputation; tous deux terminèrent leur existence au gibet [1], et le poète rappelait en 1461 leur sort funeste dans les vers qu'il adressait aux « enfants perdus. »

On ne sait pas exactement à quelle époque remontent les premières relations du malheureux poète avec ces deux misérables; mais si l'on observe que l'un des chanoines de Saint-Benoît-le-Bétourné, au temps de l'adolescence de François de Montcorbier, était maître Etienne de Montigny [2]; si l'on remarque, d'autre part, que vers la même époque, Nicolas de Cayeux était le nom d'un habitant de la rue des Poirées [3], située à peu de distance au sud de Saint-Benoît, on sera tenté de croire que Villon connut Regnier et Colin dès son enfance, celui-ci demeurant sans doute chez son père, celui-là peut-être chez son oncle le

---

1. Voyez la « belle leçon de Villon aux enfants perdus » (strophe 1re), et la ballade du Jargon (strophe 2).

2. Étienne de Montigny, docteur en décrets, chanoine de Saint-Benoît et curé de Colombes, au diocèse de Paris, est fréquemment nommé dans les titres relatifs au chapitre de Saint-Benoît, datant de la fin du règne de Charles VII. On conserve encore dans les archives de cet établissement (Archives nationales, S. 891 b) un extrait du testament d'Étienne de Montigny, rédigé le 18 janvier 1460, et portant don au chapitre d'une maison sise au cloître, devant le puits, à l'image de Saint-Étienne.

3. Voyez au f° 116 recto du « cartulaire de la communauté de Sainct-Benoît, faict l'an mil 467 » (Archives nationales, LL. 557), l'inventaire des titres de « l'ostel qui fut Nicolas de Cayeulx en la rue des Porrées »; il est encore fait mention de cette maison au f° 121 r° du même volume. Inutile, sans doute, de rappeler que le nom de Colin de Cayeux, le complice de Villon, n'est qu'une forme familière de celui de *Nicolas*.

chanoine, et que plus tard, par faiblesse de caractère, François ne put se défendre de les hanter, même après que leur fréquentation fut devenue compromettante.

L'un de ces deux personnages, Regnier de Montigny, appartenait à une honorable famille, qui possédait différents fiefs aux environs de Paris; aussi le voit-on qualifié « noble homme, » au cours du Petit Testament [1]. Il était né à Bourges vers 1429 et avait, par conséquent, environ deux ans de plus que Villon. Son père, Jean de Montigny, fidèle au dauphin Charles, avait quitté Paris lors de l'entrée des Bourguignons en 1418 et n'y rentra qu'avec son souverain après la réduction de la capitale en 1436. A son office de pannetier du roi, il joignit alors la charge d'élu de la ville de Paris; mais la mort ne tarda pas à le surprendre et il laissa, outre sa femme Colette de Vaubolon, un fils et deux filles, issus d'un premier mariage et fort jeunes encore, dans un état voisin de la misère. Il possédait encore cependant quelques revenus féodaux, car son fils vendait, en 1455, à Lubin Raguier, un fief connu sous le nom de « fief de Montigny, » et qui était assis sur le moulin de Bures, près d'Orsay [2].

Regnier, que les registres judiciaires qualifiaient de

---

1. *Petit Testament*, huit. 18. — C'est sans doute la noblesse de Regnier de Montigny qui porta Villon à lui léguer trois chiens; neuf autres sont aussi donnés, dans le huitain suivant, au seigneur de Grigny.

2. Jules Lair, *Histoire de la seigneurie de Bures* (Mémoires de la Société de l'histoire de Paris et de l'Ile-de-France, t. II, p. 204).

clerc, contracta de dangereuses liaisons et fut arrêté plusieurs fois. En août 1452, il était condamné au bannissement par une sentence du prévôt de Paris pour avoir, une certaine nuit, en compagnie de deux autres garnements, rossé deux sergents du guet à la porte de « l'ostel de la Grosse Margot [1], » dont Villon connaissait si bien l'enseigne qu'elle lui fournit le sujet d'une de ses ballades. Il fut aussi emprisonné à Rouen, à Tours et à Bordeaux. A Poitiers, Regnier commit une escroquerie digne de Patelin : il y acheta pour vingt écus de drap et se fit donner par le marchand vingt autres écus, ne lui laissant en retour qu'une boîte où il disait avoir mis vingt nobles. A Paris, il jouait au jeu de la marelle et fut poursuivi comme pipeur. Enfin, compromis dans une affaire plus grave, le meurtre de Thévenin Pensot, commis dans une maison du cimetière de Saint-Jean-en-Grève, il obtint une lettre de pardon. Rendu plusieurs fois comme clerc à l'évêque de Paris, il ne tardait pas à recouvrer la liberté. Mais la justice se lassa de retrouver toujours sous sa main ce pécheur incorrigible. Dans l'année 1457, c'est-à-dire peu de temps après avoir aliéné le fief de Montigny, le dernier débris, peut-être de l'héritage paternel, Regnier participait à plusieurs vols sacriléges, faisant le guet pendant que ses compagnons enlevaient deux burettes d'argent en

---

1. Voyez le n° III des pièces justificatives.

l'église des Quinze-Vingts, puis un calice et un petit livre d'heures dans l'église de Saint-Jean-en-Grève. Emprisonné au Châtelet de Paris pour la deuxième fois, il était encore réclamé le 24 août 1457 par l'évêque de Paris; mais cette réclamation n'ayant pas été accueillie, il fut condamné à mort. Regnier en appela au Parlement; mais peu confiants dans la bonté de sa cause, ses parents intercédèrent pour lui, et, en considération des services de sa famille et par compassion pour sa sœur qui allait devenir mère, une lettre de rémission lui fut accordée, à la charge cependant, pour Regnier, de se rendre en pèlerinage à Saint-Jacques de Compostelle [1].

Il est douteux toutefois que la condamnation prononcée par le Châtelet n'ait pas été exécutée, car le Parlement paraît avoir refusé l'entérinement de la lettre de rémission. Les registres criminels de cette cour renferment un curieux résumé de la plaidoirie de Simon, procureur du roi, qui déclarait la rémission subreptice, se fondant sur l'omission de certains cas graves dans l'exposé des lettres, et de celle de Popaincourt, qui défendait le condamné [2]. En tout

---

1. Les renseignements sur les antécédents judiciaires de Montigny sont empruntés à cette lettre de grâce donnée en septembre 1457 (Archives nationales, JJ. 189, pièce 199, f° 96 v°) ainsi qu'aux plaidoiries des 23 août et 10 septembre 1457, relatives à sa réclamation par l'évêque de Paris et à l'entérinement de la lettre de rémission (*Ibid.*, X$^{2a}$ 28).

2. Archives nationales, X$^{2a}$ 28. — On trouve en outre, dans ce

cas, Montigny était pendu à l'époque où Villon écrivait ses ballades en jargon, et il se peut même qu'il ait étrenné le gibet construit vers 1457 non loin de celui de Montfaucon, gibet qui porta, peut-être en l'honneur de ce drôle, le nom de « gibet de Montigny »[1]. Quoi qu'il en soit, le souvenir de Regnier était encore vivant treize ans plus tard dans le monde judiciaire, et nous voyons alors le procureur du roi le rappeler devant le Parlement au sujet d'un clerc, prisonnier au Châtelet et réclamé par l'évêque de Paris[2].

registre, à la date du 3 novembre 1457, une déclaration de Jean Avenel, prêtre chapelain de Saint-Jean-en-Grève, qui « se tient content et pour restitué d'un galice nagueres malpris et enblé par Renier de Montigny et Nicolas de Launoye en ladite eglise de Sainct-Jehan. »

1. On trouve, en effet, dans un compte du domaine de la ville de Paris, en 1458, mention des « œuvres et reparations faites à cause d'un nouveau gibet fait outre la paroisse Saint-Laurent, appellé le Gibet de Montigny, ledit gibet n'a gueres fait de neuf près de la grant justice de Paris. Premierement pour avoir refait les fondemens qui portent les piliers qui autrefois avoient servi, lesquels fondemens estoient tous demolis » (Sauval, *Hist. et rech. des antiquités de Paris*, t. III, p. 359). Suivant Sauval (*Ibid.*, t. II. p. 613), ce gibet daterait de 1416; mais nous ignorons sur quoi repose cette opinion, et il ne nous paraît pas impossible que le gibet de Montigny puisse être reconnu dans un gibet voisin de Montfaucon, connu sous le nom de Petit-Gibet et auquel fut pendu, en 1328, Remy, seigneur de *Montigny*-Lencoup, surintendant des finances, condamné à mort comme concussionnaire (*Ibid.*, t. II, p. 612). Cette identification, on nous permettra de le remarquer, contredirait l'hypothèse que nous avons émise au sujet des rapports possibles entre Regnier et le gibet de Montigny.

2. Ganay, pour le procureur du roy « allegue de Turgis et de Montigny qui estoient clercs non mariez, qui furent requis par l'evesque, *in judicio contradictorio*, mais il en fut débouté. —

L'histoire de Colin de Cayeux n'est pas plus édifiante que celle de Regnier de Montigny. Fils d'un serrurier, Colin avait été mis à l'étude, mais il se laissa entraîner de bonne heure dans le crime. « Larron, crocheteur, pilleur et sacrilége, être incorrigible, » c'est ainsi que s'exprime à son égard le procureur du roi, Cayeux fut rendu deux fois à l'évêque de Paris, le 9 février 1450 et le 14 septembre 1452. En 1456, il fut arrêté par le guet du Châtelet. Il fut aussi pris en Normandie, s'évada de la prison de l'évêque de Bayeux, et crocheta de même, pour s'échapper, les prisons de l'archevêque de Rouen. A Paris, il prit part, vers la même époque, nous l'avons dit plus haut, à deux vols considérables commis au préjudice d'un religieux augustin et du collége de Navarre. Enfin, dans l'été de 1460, Colin de Cayeux, arrêté dans l'église de Saint-Leu-d'Esserent, au diocèse de Beauvais, par le prévôt de Senlis, fut d'abord confié à l'évêque de cette ville, dont il quitta les prisons pour être transporté à la Conciergerie, à Paris. Le 28 septembre, on discutait au Parlement la réclamation de l'évêque de Beauvais, dans le diocèse duquel on l'avait pris, et celle de l'évêque de Sen-

---

Bataille dit que Turgis et Montigny avoient esté plusieurs fois prisonniers, ce que n'a esté le prisonnier dont est question » (Arch. nation., X$^{1a}$ 8311, f° 206 v°). — Nous devons faire observer que le Turgis dont on parle ici n'est pas Robert Turgis mentionné par Villon, mais un certain Christophe Turgis qu'on retrouve dans les registres criminels du Parlement.

lis, qui l'avait eu momentanément en garde : le procureur du roi, Barbin, déclarait Colin incorrigible et lui déniait comme tel le droit de jouir du privilége de clerc [1]. Bien qu'un an après Villon nous apprenne par une ballade du Grand Testament que Cayeux avait subi le dernier supplice, il ne paraît pas que sa condamnation à mort ait été prononcée en septembre 1460. Ce n'était pas sa visite à l'église de Saint-Leu-d'Esserent qui devait le conduire à la potence, mais bien les « esbats » qu'il allait prendre, se fiant sur l'appel au Parlement, à Rueil, au diocèse de Paris, et à Montpipeau, au diocèse d'Orléans [2].

---

1. Tous les détails qui précèdent sont empruntés à la pièce justificative placée sous le n° XI, et à l'interrogatoire de Guy Tabarie (pièces justificatives, n° X).

2. C'est du moins ce qui résulte de ces vers de la « belle leçon de Villon aux enfants perduz » :

Se vous allez à Montpipeau
Ou à Ruel, gardez la peau ;
Car pour s'esbatre en ces deux lieux,
Cuidant que vauloist le rappeau,
La perdit Colin de Cayeulx.

## V

### VILLON ERRANT

Villon était-il banni du royaume? — Villon en Poitou. — La cour du duc d'Orléans. — Villon en Berry. — Ses relations avec les princes de la maison de Bourbon. — La prison de Meung-sur-Loire. — La délivrance. — État moral de Villon en 1461. — Les anecdotes rabelaisiennes sur Villon.

Le Parlement avait prononcé contre Villon la peine du bannissement; ce n'est pas douteux, et Rabelais, quatre-vingt-dix ans environ après cet événement, rapporte que notre écolier, « banni de France, » s'était retiré en Angleterre [1]. Mais cette dernière allégation a été mise en doute, en raison de certaines inexactitudes sur lesquelles repose l'anecdote que l'auteur de *Pantagruel* raconte sur le séjour du poète au-delà de la Manche. Un des écrivains qui ont le plus sérieusement étudié Villon, M. Campaux, ne paraît pas

---

1. Voyez plus loin, pièces justificatives, n° XVI.

croire que le complice de Colin de Cayeux fut banni de tout le royaume, car, dit-il, « il est assez étrange « que Villon, qui déplore si vivement d'être exilé de « Paris, n'ait pas exhalé ses plaintes en se voyant « chassé, non-seulement de Paris, mais encore de « France. » Nous avons aussi incliné jadis vers ce sentiment; cependant, aujourd'hui, il nous semble peu raisonnable de croire que l'amant de Catherine de Vausselles n'ait pas été banni du royaume. En effet, pourquoi la cour eût-elle prononcé contre Villon une sentence qui lui aurait seulement interdit le séjour dans le territoire de la prévôté de Paris, puisqu'un nouveau délit, commis par l'exilé dans le vaste ressort du Parlement, pouvait le ramener devant elle [1]. Est-il même croyable que le Parlement ait jamais prononcé une telle peine, lorsque nous connaissons, sous le règne de Louis XI, un arrêt d'une juridiction aussi peu étendue que celle du prévôt de Paris, bannir du royaume de France deux femmes convaincues de faux-témoignage [2].

Nous admettrons donc, jusqu'à preuve du contraire, que Villon fut banni de France et qu'il dut gagner la frontière. Mais, de quelque côté qu'il se dirigeât, au nord, à l'est ou au sud, il lui fallut sans doute encore un temps assez long pour sortir du

---

[1]. *François Villon, sa vie et ses œuvres*, p. 253-254.
[2]. Voyez la *Chronique scandaleuse* à la date du 11 mars 1477 (v. st.).

royaume, si toutefois il en sortit [1]. Aucune nouvelle sentence n'intervint sans doute, à son égard, avant le printemps de l'année 1461, et cependant nous le retrouvons à cette date au centre du royaume, dans l'Orléanais, participant évidemment à quelque nouveau méfait, car alors les portes de la prison épiscopale de Meung-sur-Loire se fermèrent derrière lui.

Dans l'état actuel des recherches sur l'auteur des deux Testaments, il n'est guère possible de dresser l'itinéraire du malheureux poète depuis son expulsion par le Parlement jusqu'à son emprisonnement à Meung. Ce qu'on sait des pérégrinations de Villon se borne alors à quelques noms de lieux, à quelques indices laborieusement relevés dans ses vers, et encore ne saurait-on distinguer avec certitude ce qui se rapporte à l'époque qui suivit immédiatement la composition du Petit Testament, c'est-à-dire à l'exil volontaire de maître François, de ce qui se rattache à son exil juridique.

[1]. On voit, par un passage de la *Chronique scandaleuse,* que les bannis n'étaient guère surveillés et qu'ils cheminaient en toute liberté. C'est ainsi, par exemple, qu'on y raconte le départ, pour l'exil, d'un prédicateur cordelier des plus populaires à Paris : « Et le lundy, premier jour de juin, audit an (1478), par le premier president de Parlement et autres qui se disoient avoir charge du roy, fut dit et déclairé audit frere Anthoine Fradin qu'il estoit à tousjours banny du royaume de France et que, pour ce faire, il vuidast incontinent et sans arrester hors d'icelluy royaulme; ce qu'il fist. Et vuida le lendemain de ladite ville de Paris. .... Et y en eut plusieurs, tant hommes que femmes, qui le suivirent hors de la ville de Paris, jusques bien loing, et puis après s'en retournerent. »

C'est cependant bien plus vraisemblablement durant la première de ces périodes que Villon résida dans la partie septentrionale du Poitou, vers les limites de la Bretagne et de l'Anjou. Le séjour du poète à Saint-Generoux, près Thouars, ou dans tout autre localité de cette région, où il aurait connu les deux dames qui lui enseignèrent le langage poitevin[1], se rattache probablement, en effet, au voyage d'Angers, entrepris, on s'en souvient, dans une intention criminelle.

Il est moins facile de classer la visite probable de Villon au duc d'Orléans, qui sans doute habitait alors un de ses châteaux des bords de la Loire, et la participation du chantre des *Dames du temps jadis* à un concours poétique ouvert par le duc d'Orléans : la

---

1. Les anciennes éditions du *Grand Testament* (huitain 94) donnent :

> Filles sont tres belles et gentes,
> *Demourans à Saint-Genou*
> Près Saint-Julien-de-Voventes,
> Marches de Bretaigne ou Poitou,
> Mais je ne dis proprement où ;
> Or, y pensés trestous les jours.
> Car je ne suis mie si fou !
> Je pense celer mes amours.

Mais il y a une faute évidente dans le second vers de cette strophe, trop court d'une syllabe, et certains éditeurs ont cru pouvoir y remédier en traitant *demourans* (ou *demourant*), comme adjectif : de là le vers « Demourantes à Saint-Genou » qu'on trouve dans les éditions modernes. La bonne leçon,

> Demeurant à Saint-Generou

se retrouve dans le manuscrit de Stockholm, et l'auteur du manuscrit de l'Arsenal en a conservé quelques vestiges dans la forme « Saint-Guerou » qu'il adopte. Il est aisé de comprendre que les ballade que Villon composa à cette occasion renferme un vers :

En mon païs suis, en terre loingtaine [1]

où l'on a voulu voir une allusion à son bannissement.

On ignore si la ballade de Villon, qui est transcrite, ainsi que celle de ses concurrents, dans les manuscrits des poésies de Charles d'Orléans, attira sur le malheureux fugitif la commisération du duc. C'est, du reste, le seul document certain qui constate entre les deux poètes des relations que l'on a sans doute beaucoup exagérées [2]. On ne peut nier, cependant, qu'un

---

anciennes éditions dérivent d'un manuscrit où l'abréviation médiale de Gen[er]ou avait été omise.

Le village de Saint-Géneroux (Deux-Sèvres, arr. de Parthenay, cant. d'Airvault), quoique enclavé dans le Poitou, dépendait de l'Anjou (Voyez la carte de Cassini). Mais l'indication topographique que Villon ajoute au nom de cette localité :

Près Saint-Julien de Voventes
Marches de Bretaigne ou Poitou

est quelque peu inexacte, car une distance de vingt-six lieues, au moins, sépare Saint-Géneroux de Saint-Julien-des-Vouvantes, bourgade de l'ancien diocèse de Nantes (auj. chef-lieu de canton de l'arrond. de Châteaubriand, Loire-Inférieure), non loin de la limite de l'Anjou. Ainsi les mots « marches de Bretaigne » s'appliqueraient à Saint-Julien, et ceux-ci « en Poitou, » se rapporteraient à Saint-Géneroux ; il ne semble pas, du reste, que Villon doive être accusé ici d'ignorance géographique, puisqu'il annonce l'intention de dépister ses lecteurs.

1. Profillet, *De la vie et des ouvrages de François Villon*, p. 29.

2. Suivant une opinion adoptée par M. Campaux (*François Villon, sa vie, ses œuvres*, p. 105) et par P. Jannet (*Œuvres complètes de Villon*, p. x), le succès de l'appel au Parlement serait dû, sans doute, à l'intervention du duc d'Orléans, que Villon aurait

des vers de l'envoi semble indiquer qu'autrefois Villon avait touché des gages chez le duc d'Orléans et qu'il en désirait le rétablissement [1].

Les courses de Villon ne se bornèrent pas à l'Anjou, à l'Orléanais et au Poitou. Une strophe du Grand Testament nous permet de marquer une de ses étapes le long de la Loire, en Berry, car c'est évidemment une épitaphe naïve, comme il y en avait quelques-unes alors, qui lui a fourni le nom de « Michault, le

imploré à l'occasion de la naissance de sa fille Marie (19 décembre 1457). Elle s'appuie sur un petit poème, le Dit de la naissance Marie, dont l'auteur, qui signe : *Votre povre escolier Francoys*, attribue à la naissance de la jeune princesse son rappel à la vie. Ce poème, extrait d'un ms. des poésies de Charles d'Orléans, se rapporte certainement à la naissance de Marie d'Orléans, et non à celle de Marie de Bourgogne, comme l'avait supposé Prompsault en publiant cette pièce pour la première fois à la suite de son édition de Villon; mais il est difficile de croire qu'elle émane de notre poète. Nous pensons avec Daunou (*Journal des savans*, 1832, p. 558-559), et nous avons été heureux de voir des critiques estimés partager notre sentiment (Gaston Paris, *Revue critique d'histoire et de littérature*, t. XIV, p. 196; et Tamizey de Larroque, *Revue des questions historiques*, t. XIV, 1873, p. 253-254), nous pensons donc qu'il faudrait des preuves beaucoup plus positives que les mots : « Votre povre escolier Francoys, » pour attribuer à Villon « des vers où l'on ne retrouve pas un seul de ces traits originaux, piquants ou satiriques qui caractérisent ses véritables productions, même celles où il loue et remercie ses bienfaiteurs. » Au reste, il nous semble que l'intervention du duc d'Orléans n'aurait pu être d'un grand poids pour le succès d'un appel et que le Dit de la naissance Marie doit bien plutôt être attribué à un écolier qui, condamné ou menacé d'une grave condamnation par la justice ducale, aurait obtenu du duc, à l'occasion de la naissance de Marie d'Orléans, des lettres de rémission semblables à celles que le roi délivrait par droit de joyeux avénement.

1. Que sçay-je plus? — Quoy? — Les gaiges ravoir.

bon ....... » qui reposait, dit-il, à Saint-Satur, sous Sancerre [1]. La justesse de l'indication topographique relative à Saint-Satur [2] donne à croire que Villon y passa. On peut voir une autre preuve de sa présence en Berry dans ses récriminations contre François Perdrier, qui l'aurait dénoncé auprès de l'officialité de Bourges [3].

La situation de Sancerre sur la route qui conduisait en Bourbonnais peut faire considérer le séjour des ducs de Bourbon comme le lieu vers lequel se dirigeait Villon. Ce fut alors, peut-être, qu'il adressa au duc Jean II cette requête si fort estimée des poètes du commencement du XVIe siècle [4]. On sent à la façon dont parle Villon qu'il ne craignait pas de voir sa

---

1. *Grand Testament,* huit. 84.
2. Saint-Satur (Cher) est un village situé à 3 kilomètres de Sancerre, au pied de la montagne où s'élève cette ville.
3.       Combien que Françoys, mon compere,
         Langues cuisans, flambans et rouges,
         My-comandement, my-priere
         Me recomanda fort à Bourges.

On comprend que cette recommandation, faite moitié de gré, moitié par force (c'est ainsi du moins que nous comprenons la leçon du troisième des vers que nous citons en l'empruntant aux manuscrits du XVe siècle), on comprend, disons-nous, que cette recommandation de François Perdrier est une dénonciation. Quant à l'interprétation de *Bourges* par « l'officialité » ou plutôt par l'archevêque de cette ville, il n'est pas besoin d'avoir une grande connaissance du style judiciaire de l'époque pour l'admettre.

4. C'est à tort que Prompsault a attribué le titre de cette requête en forme de ballade à Clément Marot. Les anciennes éditions l'appelaient déjà *la Requeste que Villon bailla à Mgr de Bourbon.*

demande rejetée par le prince qui lui avait déjà prêté quelque argent.

Le Bourbonnais ne devait pas être le terme des pérégrinations du poète fugitif. La ballade finale du Grand Testament désigne comme tel Roussillon [1], que les commentateurs ont pris à tort pour le Roussillon [2] alors au pouvoir des rois d'Aragon. Cependant ce nom, n'étant pas précédé de l'article, ne peut désigner qu'une ville et non une province, et il est impossible de n'y pas reconnaître la ville de Roussillon, en Dauphiné, située sur la rive gauche du Rhône, à six lieues au sud de Vienne, et par conséquent hors du royaume de France [3] : Villon aurait donc, par son séjour en ce lieu, satisfait à l'arrêt de bannissement prononcé contre lui. La ville de Roussillon apparte-

---

[1]. 
    Et je croy bien que pas n'en ment,
    Car chassié fut, comme ung soullon,
    De ses amours hayneusement;
    Tant que, *d'icy à Roussillon*,
    Brosses n'y a ne brossillon,
    Qui n'eust, ce dit-il sans mentir,
    Ung lambeau de son cotillon,
    Quant de ce monde voult partir.

[2]. A. Campaux, *François Villon, sa vie, ses œuvres*, p. 112.

[3]. Voir, sur les limites du royaume au XVe siècle, notre travail intitulé *Les limites de la France et l'étendue de la domination anglaise à l'époque de la mission de Jeanne d'Arc*. Ce mémoire imprimé dans la *Revue des questions historiques* (t. XVIII, p. 444-546) justifie les lignes principales de la carte du royaume de France pendant la mission de Jeanne d'Arc que nous avons dressée pour l'édition (illustrée) de l'*Histoire de Jeanne d'Arc*, de M. Wallon, que la maison Didot a publiée à la fin de l'année 1875.

nait au duc de Bourbon [1], qui la céda en 1461 à son frère naturel, Louis, légitimé de Bourbon [2]. Nous n'osons dire que la présence de ce prince attira Villon à Roussillon : en effet, la date de la donation de cette terre au bâtard est trop rapprochée de l'époque à laquelle le poète en parle. Mais la strophe 157 du Grand Testament, relative à un sénéchal qui paya les dettes de Villon, pourrait bien se rapporter à Louis de Bourbon que le duc, son frère, avait créé en 1460 maréchal et sénéchal de Bourbonnais [3], car l'auteur joue dans cette strophe sur le double sens du mot « maréchal », tout en paraissant faire allusion aux deux offices dont Louis venait d'être revêtu [4]. En ce cas, Villon aurait eu un égal succès auprès des deux frères.

1. Elle provenait de l'héritage d'Isabeau d'Harcourt, veuve de Humbert VII, seigneur de Thoire et de Villars, qui, par testament du 20 novembre 1441, avait institué le duc Charles Ier de Bourbon, son légataire universel (Le Père Anselme, *Histoire généalog. de la maison de France*, 3e édition, t. I, p. 305).

2. Le Père Anselme, *Histoire généal. de la maison de France*, t. I, p. 308.

3. *Ibid.*, t. I, p. 308.

4.  
Item, sera le seneschal,  
Qui une fois paia mes dettes,  
En recompense, mareschal  
Pour ferrer oes et canettes.  
Je lui envoie ces sornettes  
Pour soy desennuyer ; combien,  
S'il veult, face-en des alumettes.  
De bien chanter s'ennuye-on bien.  
(*Grand Testament*, huitain 130.)

La seconde partie de ce huitain semble indiquer que Villon envoya une copie de son Testament au sénéchal.

Toutefois, si le poète reçut des marques de la bienveillance des princes de la maison de Bourbon, il ne se fixa pas auprès d'eux : il revint dans l'Orléanais, où nous le trouvons, durant l'été de 1461, prisonnier de l'évêque d'Orléans à Meung-sur-Loire. On ignore les motifs de ce nouvel emprisonnement; mais si l'on remarque la proximité de Meung d'un lieu dont Villon signale la fréquentation comme dangereuse aux enfants perdus, on ne doutera guère qu'il n'ait commis un délit, un vol probablement, aux environs de Montpipeau, forteresse isolée située à dix kilomètres au nord de Meung [1]. Dans cette hypothèse, on pourrait le considérer comme le complice de Colin de Cayeux qui, moins heureux que lui, en raison sans doute de sa plus grande culpabilité, fut condamné au dernier supplice.

Une nouvelle opinion s'est fait jour à ce sujet, mais d'une façon inconsciente, dans un récent ouvrage sur l'Orléanais. Suivant M. l'abbé Patron, chanoine de l'église cathédrale d'Orléans, l'emprisonnement de Villon à Meung aurait été motivé par un vol commis au détriment de l'église de Baccon, village situé à six

---

1. La situation de ce lieu, qui joua un certain rôle dans les guerres du XVe siècle, ne paraît pas avoir été connue des auteurs qui ont étudié Villon; ainsi M. Paul Lacroix (*OEuvres complètes de Villon*, p. 166, note 6) suppose, en raison du rapprochement des noms de Rueil et de Montpipeau chez notre poète, que Montpipeau est, soit Louveciennes, soit la Malmaison.

kilomètres de Montpipeau.[1]. Mais, malgré toutes les démarches auxquelles nous nous sommes livré, il nous a été impossible de trouver l'origine de cette assertion. Les renseignements que M. l'abbé Patron donne sur le village de Baccon lui ont été fournis en 1859 par M. l'abbé Léveillé, alors curé du lieu; malheureusement M. l'abbé Léveillé ne se souvient pas où il a puisé le fait relatif à Villon, s'il en doit, par exemple, la connaissance à des documents d'archives, à un ancien écrit sur Baccon ou à une tradition orale qui, dans tous les cas, ne pourrait être regardée comme une tradition populaire. En outre, il dit simplement que Villon fut arrêté « pour vol » à Baccon [2]; aussi est-il possible que M. l'abbé Patron n'ait spécifié la nature du vol qu'après avoir lu l'article que Prosper Marchand a consacré à notre poète dans le Dictionnaire historique publié en 1758 et 1759, et où cet auteur suppose que le crime dont Villon s'était rendu coupable était en un vol de sacristie [3]. Quoi qu'il en soit, le vénérable chanoine croit aujourd'hui en

---

1. « Le poète Villon, pour avoir volé l'église de Baccon, fut mis en prison à Meung, et relâché par ordre du roi Louis XI » (Patron, *Recherches historiques sur l'Orléanais*, 1871, t. I, p. 482).

2. Nous pouvons, grâce à l'obligeance de M. l'abbé Patron, citer ici les propres paroles de M. l'abbé Léveillé : « C'est à Baccon que fut arrêté pour vol le poète Willon, d'Anvers *(sic)*, cité par Boileau. Il fut incarcéré à Meung. Louis Onze lui fit cependant grâce de la vie. »

3. *Dictionnaire historique* publié à la Haye, au mot VILLON.

savoir plus long sur ce larcin : Villon aurait volé une lampe d'argent dans l'église de Baccon; mais nous croyons volontiers que cette opinion résulte d'une confusion avec une légende orléanaise d'après laquelle Michel Bourdin, le célèbre sculpteur, fut pendu à Orléans pour avoir soustrait une lampe d'argent dans l'église de Cléry, où il était occupé à sculpter, par ordre de Louis XIII, le superbe mausolée et la statue en marbre blanc de Louis XI, placés dans cette église et pour l'achèvement desquels on différa l'exécution de la sentence.[1]

La prison de Villon était fort dure, si l'on en juge par les diverses allusions qu'il y fait, et il y eût sans doute péri, si la mort de Charles VII n'était arrivée sur ces entrefaites le 22 juillet 1461. Alors, en vertu du droit de joyeux avénement, Louis XI remit leurs peines à divers prisonniers des villes où il passa après son sacre. Nous le trouvons en août 1461 accordant par ce motif des lettres de rémission à Michelet le Saige, Robin Bourrier, Hugues le Gras, Jacques Godin, Pirard Ridoin, Pierrart de Wastines, Girardin le Tourbeur, Henri de la Salle et Jacquemart l'Espaignol, prisonniers à Reims [2]; à Regnault et à Guillaume

---

1. Nous devons ce rapprochement à M. Herluison, l'érudit libraire d'Orléans, auteur d'un travail sur Bourdin. Hâtons-nous d'ajouter, toujours d'après M. Herluison, que la tradition relative au supplice du fameux sculpteur est controuvée.
2. Archives nationales, JJ. 198, n°[s] 87, 171, 177, 181, 183, 130, 245 et 247.

le Clerc, prisonniers à Meaux [1] ; ainsi qu'à Simon Audry, Binet de Couvelaire et Robinet Legier, prisonniers à Paris [2]. Sept mois plus tard, il usait encore du même droit à Bordeaux en faveur de Guilhem Saulx [3]. La délivrance de Villon dut avoir lieu vers le 2 octobre 1461, date à laquelle le roi Louis XI signait deux ordonnances à Meung-sur-Loire [4]. Malheureusement, la lettre de rémission ne fut pas transcrite dans ceux des registres du Trésor des Chartes encore conservés aujourd'hui aux Archives nationales [5] et nous sommes ainsi privés du document qui pouvait le mieux nous renseigner sur la vie du poète

1. Archives nationales, JJ. 198, n° 237.
2. *Ibid.*, JJ 198, n°⁸ 241, 115 et 234. — Les deux dernières pièces sont datées de septembre 1461.
3. *Ibid.*, JJ. 198, n° 300.
4. *Ordonnances des rois de France*, t. XV, p. 118 et 120.
5. Elle figurait sans doute sur le registre JJ. 197 du Trésor des Chartes, que l'inventaire de Dupuy indique déjà comme étant en déficit, et qui avait été perdu par Du Tillet (Bordier, *les Archives de la France*, p. 163). La dernière affaire judiciaire de Villon ne peut pas être non plus éclaircie par des recherches dans les archives de l'officialité d'Orléans, car celles-ci ne remontent pas au-delà de l'année 1620. — Il n'est pas possible, non plus, de tirer quelque lumière des registres du tabellionage de Meung, qui remontent au commencement du xv° siècle et qui contiennent parfois les écrous des prisonniers de l'évêque d'Orléans, avec mention du motif de l'emprisonnement. Nous avons, en effet, consulté, dans l'étude de maître Landron, notaire à Meung, le registre de maître Jehan le Picotté pour l'année 1461, et nous avons constaté avec regret qu'il ne renfermait aucune mention de ce genre ; ce fait nous avait, du reste, préalablement été affirmé par M. l'abbé Foucher, curé-doyen de Meung, lequel s'occupe avec un zèle fort louable de l'histoire de sa paroisse.

durant ses dernières années, puisqu'il devait contenir l'énonciation de ses méfaits antérieurs et nous faire connaître l'époque et la cause de sa condamnation à mort.

A peine sorti de la prison de Meung, Villon composa le Grand Testament, cette œuvre qui, seule, assurerait à son auteur le premier rang parmi les poètes du xv$^e$ siècle, cette œuvre, moitié bouffonne, moitié sérieuse, où les remords du criminel sont exprimés de l'accent le plus sincère, où son cœur saigne si cruellement au souvenir des années qui viennent de s'écouler et pendant lesquelles il a commis des fautes telles que, malgré toute l'étendue de son humilité, il n'ose les avouer publiquement. Mais il faut dire aussi que Villon, après avoir connu toutes les hontes, retrouvait dans son cœur quatre sentiments dont sans doute le juge éternel lui aura tenu compte : la foi religieuse, le patriotisme, l'amour filial et la reconnaissance ; la foi religieuse, qui éclate dans plus d'une strophe du Grand Testament et qu'on retrouve surtout dans la prière à la Vierge qu'il composa à la requête de sa mère ; le patriotisme, dont deux vers sur

> Jehanne, la bonne Lorraine,
> Qu'Anglois bruslerent à Rouen

ainsi que la ballade où il anathémise ceux

> Qui mal voudroient au royaume de France

sont des témoignages non équivoques; l'amour filial;
qu'il exprime d'une manière touchante en songeant à
sa « bonne mère »; la reconnaissance, qui ne lui fait
pas défaut lorsqu'il parle de maître Guillaume de
Villon, ce vénérable chapelain, qu'il appelle « son plus
que père [1], » ou de « Loys, le bon roy de France, »
qui le délivra de la « dure prison de Mehun [2]. »

On ne saurait dire dans quels lieux le poëte écrivit
son œuvre capitale. Ce ne fut certainement pas à
Paris, comme l'a cru un auteur presque contemporain, Eloi d'Amerval [3], car Villon y parle d'un
voyage récent dans lequel il avait recueilli quelques nouvelles des trois écoliers qui suivaient ses
leçons six ans auparavant :

> Item, j'ay sceu à ce voyage,
> Que mes trois povres orphelins
> Sont creus et venus en aage [4].

Or, Villon ne peut parler ici que d'un voyage à
Paris [5], où il sera venu pour embrasser les

---

1. Voyez plus haut, p. 16.
2. *Grand Testament*, huit. 7.
3.       Maistre François Villon, jadis,
      Clerc expert en faits et en dis,
      Comme fort nouveau qu'il estoit
      Et à forcer se delectoit,
      Fit à Paris son Testament
      Duquel de ses biens largement
      Ça et là à plusieurs donna.
                        (Deablerie.)
4. *Grand Testament*, huit 117.
5. Campaux, *François Villon, sa vie, ses œuvres*, p. 248.

êtres qui lui étaient le plus chers, ne songeant pas, sans doute, à s'établir de nouveau dans une ville où une si triste notoriété lui était acquise.

Depuis la composition du Grand Testament, on ne trouve plus aucune trace de Villon. Le malheureux qui, par plusieurs fois, se prétend miné par la maladie, vieilli avant l'âge par les souffrances, touchait-il réellement à sa fin? C'est bien possible, car on ne comprendrait pas qu'un poète de ce talent eût vécu longtemps sans produire de vers, et il est difficile d'attribuer à quelques-unes de ses œuvres une date postérieure à 1461. Rabelais rapporte bien, il est vrai, que, banni de France, il passa en Angleterre au temps du roi Édouard V [1], mais cette indication ne concorde nullement avec ce que l'on sait du poète [2], et certains détails donnés par le grand satirique prouvent qu'on ne peut faire fond sur son récit [3]. Au reste, ce récit n'est que l'amplification d'une anecdote qui courait dès le XIIIe siècle sur le compte d'un autre

---

1. Voyez ce récit de Rabelais, sous le n° XVI de nos pièces justificatives.

2. En effet, c'était Henri VI, et non un prince du nom d'Édouard, qui régnait en Angleterre à l'époque du bannissement de Villon.

3. Ces mots que Rabelais (t. IV, c. 67) met dans la bouche de Villon : « Et tant bien estes servy de *vostre docte medicin Thomas Linacer*. Il, voyant que naturellement sus *vos vieulx jours* estiez constipé du ventre.... » renferment au moins deux inexactitudes. Thomas Linacer, en effet, né en 1460, ne fut célèbre que sous Henri VII et Henri VIII, et le roi Edouard V n'eut pas de *vieux jours*, car il fut, à l'âge de 13 ans, mis à mort par ordre de son oncle le duc de Glocester.

écolier, également banni de France et réfugié près du roi d'Angleterre [1]. L'auteur de *Pantagruel* rapporte, en outre, que Villon « *sus ses vieux jours*, se retira « à Saint-Maixent, en Poictou, sous la faveur d'un « homme de bien, abbé dudict lieu, » nous dit que là, pour distraire le peuple, il fit représenter la Passion « en gestes et en langage poictevins », et raconte un tour sinistre joué par Villon à un sacristain des Cordeliers [2]. Rabelais fait preuve, à cette occasion, d'une

---

1. Hugues le Noir. — Voici l'anecdote telle que M. Léopold Delisle la rapporte d'après un ms. de la Bibliothèque de Tours (*Notes sur quelques manuscrits de la bibliothèque de Tours*, dans la *Bibliothèque de l'École des chartes*, t. XXIX, p. 604-605) : « Idem (Hugo) manens cum rege Anglie (Johanne) duxit eum cum lumine ad cameras. Rex autem fecerat depingi in hostio camerarum intus regem Philippum monoculum, et ait rex : « Vide Hugo, quomodo fedavi regem tuum. » — « Vere; dixit, sapiens estis. » — « Quare, inquit, hoc dicis ? » — « Quia fecisti depingi eum. » — « Et quare ? » — « Quia est admirabile quod quando videtis eum *que vous ne vous effouriez touz* ». — M. Delisle est revenu depuis sur ce récit et l'a rapproché de celui de Rabelais (*Bibliothèque de l'École des Chartes*, t. XXX, p. 332-333).

2. Nous reproduisons dans nos pièces justificatives, sous le n° XVII, le récit de Rabelais que, lors de notre précédent travail sur Villon, nous nous étions cru en droit de considérer comme une vieille histoire, rajeunie et mise au compte du plus facétieux des étudiants du xv° siècle. Nous avions été induit en erreur par une note de Marsy et de Génin, qui avaient révoqué en doute l'authenticité de cette anecdote, parce que, à leur avis, on en retrouverait les principaux traits dans le *Spectrum*, l'un des *Colloquia familiaria* d'Erasme ; mais vérification faite, la supercherie dont Paulus, qui habitait une petite maison sur les bords de la Tamise, non loin de Londres, usa envers le poète Faunus n'offre qu'un rapport fort éloigné avec la farce tragique attribuée à Villon. Nous ne croyons pas non plus, qu'on puisse s'armer du nom que porte, dès le xiv° siècle, un tenement voisin de la Croix-Osanière pour battre en brèche l'attribu-

véritable connaissance de la topographie des environs de Saint-Maixent [1], qu'il a certainement visités, et où il aura peut-être recueilli une anecdote sur le poète parisien; mais, lors même qu'on admettrait la réalité de la tragique plaisanterie de Villon, il n'en résulterait pas qu'on doive faire fonds sur une tradition locale — évidemment agrémentée par Rabelais — pour faire résider Villon en Poitou après l'année 1461; car on ne peut raisonnablement s'autoriser d'une expression qui peut avoir été suggérée au curé de Meudon par la pensée que le héros de l'histoire avait alors abandonné le théâtre le plus ordinaire de ses exploits, expression que cet auteur a employée fort improprement, à coup sûr, dans une seconde anecdote sur le même personnage [2]. Aussi pourrait-on tout aussi bien,

---

tion à notre poète de l'histoire consignée par Rabelais, car ce vocable qu'on rencontre notamment dans un arrêt rendu le 15 septembre 1363 par l'abbé de Saint-Maixent au prince de Galles (communication de M. A. Richard), peut fort bien résulter d'un événement différent de la mort de frère Tappecoue.

1. Notre confrère, M. Alfred Richard, archiviste du département de la Vienne, auteur d'une *Histoire de Saint-Maixent*, nous fait remarquer que la Croix-Osanière, près de laquelle serait tombée la cervelle de frère Étienne Tappecoue, le malheureux sacristain, est en effet le nom d'un lieudit du territoire de Saint-Maixent.

2. On peut voir, en effet, par la note 3 de la page 92, que Rabelais attribue aussi, par la bouche de Thomas Linacer, de « vieulx jours » au roi d'Angleterre, Édouard V; or, le cinquième des successeurs de Guillaume le Conquérant, qui porta ce nom d'Édouard, mourut, comme nous l'avons dit, à l'âge de treize ans, et le père de ce prince, Édouard IV, que Rabelais avait bien plutôt en vue, puisqu'il occupa le trône des Plantagenets de 1461 à 1485, ne dépassa pas sa quarante-deuxième année.

à notre avis, rattacher le séjour de Villon à Saint-Maixent aux pérégrinations qui suivirent le voyage du compagnon de Tabarie et de Colin de Cayeux à Angers. Dans tous les cas, force est d'avouer que l'on ignore entièrement la date probable de la mort de Villon; car M. Campaux, en la plaçant après 1480 [1], se fonde sur le *Dialogue de Mallepaye et de Baillevent* et le *Monologue du franc-archer de Bagnolet*, pièces qui n'ont pas été composées par Villon [2].

[1]. A. Campaux, *François Villon, sa vie, ses œuvres*, p. 275-276.

[2]. Ces pièces, ainsi que les *Repues franches*, paraissent pour la première fois à la suite des œuvres de Villon dans les éditions données en 1532 et en 1533 par Galiot du Pré, Bonnemère et Lotrian ; mais les titres de ces éditions les distinguent soigneusement des « OEuvres de maistre Françoys Villon » et l'explicit suivant : « Fin des œuvres de Villon, et après s'ensuyt le recueil de ses repues franches et de ses compagnons », sépare toujours les deux parties du volume. Il est inutile de dire que ces pièces ne figurent pas dans l'édition de Marot, édition qui porte la date de 1533, et que le valet de chambre de François Ier n'en parle même pas dans sa préface.

## VI

### LES LÉGATAIRES DE VILLON

Dès le temps de Clément Marot, on ne comprend plus les allusions de Villon. — L'officialité. — La ballade composée pour le prévôt de Paris. — Le Châtelet. — Le Parlement. — Le Trésor royal. — Les élus. — Les échevins. — Les bourgeois. — Les écoliers contemporains de Villon. — Frère Baude de la Mare. — Les gens de métier.

Si les deux Testaments de Villon, après avoir été très-souvent réimprimés de 1489 à 1542, sont tombés ensuite dans une sorte de discrédit, on ne doit pas uniquement l'attribuer à la vétusté du langage : on en trouve une meilleure raison dans la présence de nombreuses allusions qui cessèrent d'être comprises avant cinquante ans. Clément Marot l'a vivement senti; aussi, après avoir rendu toute justice à l'éminent talent du poète dont il publia une édition en 1533, fait-il cette judicieuse réflexion : « Quant à

« l'industrie des lays qu'il fait en ses Testamens, pour
« suffisamment la congnoistre et entendre, il fauldroit
« avoir esté de son temps à Paris, et avoir congneu
« les lieux, les choses et les hommes dont il parle : la
« mémoire desquelz tant plus se passera, tant moins
« se congnoistra icelle industrie de sez lays dictz.
« Pour ceste cause, qui vouldra faire une œuvre de
« longue durée ne preigne son soubject sur telles
« choses basses et particulières »[1]. Il importe de rapprocher ce jugement de poète de celui d'un érudit de la seconde moitié du XVIe siècle, du président Fauchet, qui, après avoir discuté l'origine du nom de Villon, ajoute : « J'ay fait ceste escapade pour la
« mémoire de Vuillon, un de noz meilleurs poëtes
« satyriques, duquel si nous sçavions bien entendre la
« poësie, nous descouvriroit l'origine de plusieurs
« maisons de Paris et des particularités de ce temps-
« là »[2].

Nos recherches dans les archives du XVe siècle ne nous ont toujours pas mis en état d'expliquer « l'industrie » des legs de Villon, mais il est probable que des recherches entreprises en ce sens avant la Révolution auraient produit de meilleurs résultats[3]. Néan-

---

1. Épître de « Clément Marot, valet de chambre du roy aux lecteurs », dans l'édition de 1533. Cette épître est encore reproduite de nos jours par les éditeurs de Villon.
2. *Origines des chevaliers, armoiries et héraux*, dans les *OEuvres de feu M. Claude Fauchet*, édition de 1610, f° 509 r°.
3. Parmi les documents détruits à cette époque et qui auraient pu

moins nous sommes parvenus à constater l'existence et la position d'assez nombreux personnages nommés dans les Testaments.

On comprend sans peine qu'un grand nombre des légataires de Villon aient été des gens de robe appartenant aux différentes juridictions devant lesquelles il fut traduit : l'officialité de Paris dont il relevait comme clerc, le Châtelet où il eut affaire comme parisien, et le Parlement auquel il en appela. Ses rapports avec la justice ne sont pas cependant les seules causes de la mention de ces magistrats : plusieurs d'entre eux étaient ou pouvaient être des amis de Villon, devenus, comme il le dit lui-même, « grans seigneurs et maistres [1]. »

L'officialité de Paris fournit au moins trois noms à notre testateur ; ce sont ceux de Jean Cotard, son « procureur en court d'église » de « maistre Françoys, promoteur, de la Vacquerie », et de Jean Laurens.

Le premier est devenu célèbre par la ballade ou oraison que le poète écrivit pour son âme, appelée à ce propos « l'âme du bon *feu* maistre Jehan Cotard » [2]. Il y a tout lieu de croire que cette ballade, qui nous montre en son héros un buveur émé-

être consultés avec profit, on peut citer les nombreuses séries de comptes qui furent mises au pilon en 1791.

1. *Grand Testament*, huit. 30.
2. Cette ballade vient à la suite du huitain 115 du Grand Testament.

rite, était, ainsi que quelques autres des pièces du Grand Testament, antérieure à cet ouvrage, et le succès qu'elle eut certainement peut expliquer pourquoi Villon s'est permis dans le huitain V de parler de « l'âme du bon feu Cotard, » bien que ce vénérable biberon vécût encore, comme le prouve le legs qui lui est fait. Jean Cotard, de famille parisienne [1], paraît fréquemment dans les registres de l'officialité en 1460 et 1461 et il y est qualifié *procurator* ou *promotor curie* [2].

« Maistre Françoys, promoteur, de la Vacquerie » était un membre du clergé parisien, maître ès-arts et bachelier en décrets, dès 1442 [3], que des registres ecclésiastiques de 1450, 1458 et 1459 désignent sous le nom de *magister Franciscus de Vacaria* [4]; il jouissait en 1459 de la cure d'Argenteuil [5] et n'existait plus en 1471 [6]. Ce personnage est évidemment le

---

1. Jean Cotard avait un homonyme, « marchand orfèvre et bourgeois », à Paris, en 1472 (Sauval, *Histoire et recherches des antiquités de Paris*, t. III, p. 412).
2. Archives nationales, Z. 7764, f^os 3 r° et 58 v°. — Jean Cotard est encore nommé, mais sans qualification, aux f^os 14 v°, 46 r°, 82 v°, 98 r°, 99 v°, 102 v° du même registre.
3. Voyez un acte d'ensaisinement en date du 18 mai 1442 (Archives nationales, S. 1648, f° 1382).
4. Arch. nat., LL. 13, f° 31 r°; LL. 14, f^os 30 v° et 32 v°.
5. Archives nationales, S. 1648, f° 612 r°, à la date du 9 juin 1459. — La Vacquerie est qualifié ici « maistre es ars, licencié en décret et curé d'Argenteuil.
6. Voyez l'acte d'ensaisinement que nous publions sous le n° XIV de nos pièces justificatives.

même que « Vacquerie », l'un des deux « promoteurs » auxquels l'évêque de Paris confia, en 1440, l'administration de la paroisse de Saint-Nicolas-des-Champs, dont le curé Jean Beaurigout, (auteur présumé du Journal parisien de 1409 à 1449), était alors sous le coup d'une excommunication [1]. Les paroles du poète reviennent donc à « maître François de la Vacquerie, promoteur » et ne renferment pas, comme l'a cru M. Paul Lacroix, « une équivoque injurieuse » pour « promoteur de la vicairie [2]. » On ne s'explique pas le legs d'un « haut gorgerin d'écossais » que M. Lacroix considère comme la corde d'une potence; quoi qu'il en soit, le huitain 113 représente le promoteur sous un jour si peu favorable que l'on a remplacé, dans certaines éditions du XVIᵉ siècle [3], le nom de « maistre François » par celui de « Jean François » : ce dernier nom étant celui d'un autre promoteur auquel la pratique fut interdite le 28 août 1461 après qu'il se fut avoué coupable de vols commis chez Jean du Lac, dit Baubignon [4]. Il est presque inutile de faire

---

1. A. Longnon, *Conjectures sur l'auteur du Journal parisien de 1409 à 1449* (Mémoires de la Société de l'Histoire de Paris et de l'Ile-de-France, t. II, p. 325).

2. P. L. Jacob, bibliophile, *OEuvres complètes de Villon*, p. 132, n. 8.

3. Ce sont les éditions de Nivert, Galiot du Pré et Bonnemère. Il est probable cependant que le changement de noms n'est pas l'ouvrage des éditeurs, peu au courant de ce qui s'était passé cinquante ans avant eux, mais bien celui de l'auteur du manuscrit dont dérivent ces éditions.

4. Voyez sur cette affaire le registre Z. 7765 des Archives natio-

remarquer combien cette substitution était intempestive, puisqu'elle ne laisse aucun sens au surnom *de la Vacquerie*.

Les strophes relatives aux deux promoteurs sont séparées par un huitain relatif à « maistre Jehan Laurens » dont le nom n'est accompagné d'aucune autre qualification. Jean Laurens, ainsi que François de la Vacquerie, faisait partie de la cour ecclésiastique devant laquelle Tabarie comparut le 5 juillet 1458 [1]; c'était un des chapelains de l'église de Paris, et, nommé en 1460 (v. style) à l'office des anniversaires, il prêtait, le 12 janvier, le serment suivant la formule accoutumée [2]. Nous le retrouvons encore au 20 avril 1461 [3].

Le Châtelet est représenté dans les poésies de Villon par Robert d'Estouteville, prévôt de Paris, et par Martin Bellefaye, Pierre le Basanier, Jean Mautaint, Rosnel, Pierre de Rousseville, Jean le Cornu, Génevois, Michault du Four, Jean Raguier (alors sergent de la douzaine et dont nous parlerons plus loin), Denis Richier et Jean Valette (qui comptaient parmi les onze-vingts sergents de la prévôté et sur lesquels

---

nales, aux dates du 25 et du 28 août 1464. Jean François est en outre nommé plusieurs fois dans les registres Z. 7764 (f°° 6 r°, 39 r°, 71 v° et 87 r°) et Z. 7765 (f° 1 r°).

1. Voyez, plus haut, p. 58.
2. Archives nationales, LL. 223, f° 125 r°.
3. *Ibid.*, LL. 223, f° 178 v°.

nous n'avons trouvé jusqu'ici aucune mention dans les titres que nous avons parcourus); c'est-à-dire par douze personnages au moins. Le prévôt de Paris n'est désigné ni par son titre, ni par son nom; cependant il est impossible de ne pas le reconnaître dans le « seigneur qui sert saint Cristofle » [1], le même que le Petit Testament appelle « le seigneur qui attainct « troubles, forfaits, sans espargnier » [2]. On a remarqué, en effet, que les deux premiers huitains de la ballade que Villon composa pour ce gentilhomme, et à l'intention de sa femme, donnent en acrostiche le nom *Ambraise de Lorede* et on a supposé que ce pouvait être le nom de l'époux [3]. Cette conjecture n'est pas heureuse, *Ambraise* ou plutôt *Ambroise* [4] n'étant alors qu'un nom féminin dont l'analogue masculin s'écrivait *Ambrois* [5]. Or, Ambroise de Loré (il ne faut pas tenir compte des initiales des vers 15 et 16 de la ballade)

---

1. C'était une croyance alors généralement répandue que la vue d'une image de saint Christophe préservait de mort subite; de là la dévotion particulière de certaines personnes pour ce martyr.

2. *Petit Testament,* huit. 21.

3. P. Jannet, *OEuvres complètes de Villon*, p. 271.

4. Cette variante de l'acrostiche est justifiée par certaines leçons de la ballade.

5. *Ambrois* ou *Ambroys* est du moins la seule forme du nom masculin que nous ayons rencontrée dans les manuscrits du xv<sup>e</sup> siècle (voir, par exemple, tous les textes originaux, actes ou chroniques, où figure Ambroise de Loré, célèbre chevalier alençonnais, qui occupa, avant Robert d'Estouteville, son gendre, le poste important de prévôt de Paris). — Nous devons reconnaître cependant qu'on trouve *Ambroise*, au masculin, dans des textes de la fin du xii<sup>e</sup> ou du xiii<sup>e</sup> siècle.

était le nom de la femme de Robert d'Estouteville, prévôt de Paris depuis 1446, sous les ordres duquel se trouvaient justement Pierre le Basanier, Jean Mautaint et Rosnel, que Villon indique comme les serviteurs de ce « seigneur » jusqu'ici inconnu. Suivant notre auteur, le prévôt de Paris aurait « conquesté » sa femme à l'un des pas d'armes du roi René, sans doute à celui de Saumur tenu en 1446 et dans lequel Robert d'Estouteville figurait au nombre des assaillants [1]. Cette circonstance peut faire supposer que Villon aurait assisté, dans sa jeunesse, au tournoi de Saumur, et qu'il écrivit la pièce consacrée à Ambroise de Loré sous l'impression de ses souvenirs ; nous ajouterons même que les relations que le poète entretenait en Anjou, où vivait alors un de ses oncles [2], semblent tout d'abord corroborer cette hypothèse. Malheureusement, le titre que l'on donne ordinairement à cette pièce (*ballade que Villon donne à un gentilhomme,* nouvellement marié, *pour l'envoyer à son espouse, par luy conquise à l'espée*) ne remonte pas au XVe siècle : il est dû à Marot et se trouve pour la première fois dans l'édition des œuvres de Villon donnée en 1533 [3]. Il ne représente donc que

1. De Quatrebarbes, *OEuvres complètes du roi Réné,* t. I, p. lxxviij.

2. Voyez plus haut, p. 57.

3. Les éditions antérieures, et même celle de Galiot du Pré qui date de 1532, ne donnent pas de titre à la ballade composée pour

l'opinion de Marot, opinion qui se défendrait difficilement, car deux vers de la ballade permettent de supposer que l'épouse était devenue mère [1]; toutefois, l'allégorie tient une place trop exclusive dans cette pièce pour qu'on ne la considère pas comme un des plus anciens écrits de Villon, comme une œuvre que celui-ci aurait composée sur les bancs de l'école [2]. En tout cas, cette pièce porte témoignage de relations intimes et anciennes du prévôt de Paris et du poète, qui dut être traduit plusieurs fois devant lui. Les vers par lesquels Villon annonce cette ballade

> Auquel (seigneur) ceste ballade donne
> Pour sa dame qui tous biens a.
> S'amour ainsi, ne nous guerdonne,
> Je ne m'esbahys de cela;
> Car, au pas, conquesté celle a,
> Que tint René, roi de Cecille

montrent l'estime en laquelle il tenait Ambroise, et, rapprochés de l'éloge de cette dame que renferme la *Chronique scandaleuse* [3], ils font bien augurer de l'exactitude des jugements de notre auteur.

Robert d'Estouteville et la font simplement précéder des mots : « Autre ballade »

1.  Si ne pert pas la graine que je sume,
    En vostre champ, car le fruict me ressemble.

2. Cette ballade est dans le style allégorique des poètes du xv⁰ siècle, et elle remonte certainement à une époque à laquelle Villon n'avait pas encore acquis sa manière propre.

3. A propos de la révocation de Robert d'Estouteville en 1460, l'auteur de cette chronique dit que sa femme, Ambroise de Loré,

« Martin Bellefaye, lieutenant du cas criminel, » l'un des exécuteurs testamentaires de Villon, avait pu le connaître dans sa jeunesse. Né au diocèse de Paris, il figure le 12 janvier 1451 (v. st.) parmi les *baccalariandi* de la faculté des arts [1]. Il était, trois ans plus tard, en novembre 1454, avocat au Châtelet [2], et nous le retrouvons en juillet 1460, remplissant déjà l'office de lieutenant criminel du prévôt de Paris [3]. Il résigna cette fonction le 26 février 1461 (v. style), date à laquelle il fut reçu conseiller-lai en la cour du Parlement [4] : maître Martin Bellefaye est qualifié à cette occasion bachelier en lois et licencié en décrets. Il mourut en 1502, fut inhumé en l'église de Saint-Germain-l'Auxerrois, et son épitaphe nous apprend qu'il était seigneur de Ferrières-en-Brie [5].

« estoit moult sage, noble et honneste dame ». Plus loin, il relate la mort de cette dame dans les termes suivants : « Après ces choses, le lundy cinquiesme jour de may 1468, dame Ambroise de Loré, en son vivant femme de Robert d'Estouteville, chevalier, prevost de Paris, alla de vie à trespas ce jour, environ une heure après minuit ; laquelle fut fort plainte, pour ce qu'elle estoit noble dame, bonne et honneste, en l'hostel de laquelle toutes nobles et honnestes personnes estoient honorablement receues. »

1. Bibliothèque de l'Université, reg. des procureurs de la nation de France, f° 150 r°.
2. Archives nationales, Y. 5231, à la date du 5 novembre 1454.
3. *Ibid.*; X$^{1a}$. 1484, f° 122 r°.
4. *Ibid.*; X$^{1a}$. 1484, f° 227 r°. — Conférez U. 143 à la date indiquée.
5. Lebeuf, *Histoire de la ville et de tout le diocèse de Paris*, t. XV, p. 309.

Pierre Basanier ou le Basanier était « notaire et greffier criminel » suivant le Grand Testament. On le voit, en effet, dès 1457, en possession de l'office de notaire au Châtelet [1], qu'il échangea le 14 juillet 1465 contre celui de clerc criminel à la même juridiction [2].

Jean Mautaint, que le poète nomme par deux fois à la suite de Pierre le Basanier, était examinateur au Châtelet, et fut, en cette qualité, chargé d'instruire, au mois de mars 1457, l'affaire du collége de Navarre, dans laquelle Villon se trouva impliqué [3].

Rosnel paraît avec la même qualité, sous le nom de Nicolas Rosnel, en 1453 et en 1454 [4].

Pierre de Ronsseville, ou plutôt de Rousseville, qui, d'après le Petit Testament, était en 1456 concierge du château [royal] de Gouvieux, près Senlis, avait été antérieurement notaire au Châtelet [5].

« Maistre Jehan le Cornu » ou Cornu, dont parlent les deux Testaments, paraît avoir succédé à Pierre le Basanier dans l'office de clerc criminel de la prévôté; du moins il figure en cette qualité dans les comptes de l'ordinaire de la ville de Paris de 1470 à 1472 [6],

---

1. Sauval, *Hist. et rech. des antiquités de Paris*, t. III, p. 356.
2. *Ibid.*; t. III, p. 386.
3. Voyez, plus haut, p. 51.
4. Archives nationales, X$^{2a}$ 25, à la date du 5 juin 1453; — Y. 5231, au 27 nov. 1454.
5. Sauval, *Hist. et rech. des antiquités de Paris*, t. III, p. 351.
6. *Ibid.*, t. IV, p. 396 et 407. — La Chronique scandaleuse le montre exerçant déjà cette fonction le 4 novembre 1469.

permuta cette dernière année avec Henri Perdrier, clerc civil, et fut remplacé le 11 février 1473 (v. style) comme clerc civil, par Hugues Regnault [1].

Enfin, Génevois qui, suivant les vers de Villon, se distinguait par la longueur de son nez, et dont le nom est remplacé dans quelques anciennes éditions par celui d'Angenoulx, doit être reconnu soit dans Etienne Génevois, soit dans Pierre Génevois, l'un et l'autre procureurs au Châtelet à la date de 1454 [2].

Michault du Four, dont le nom suit et précède dans le Grand Testament [3] les noms des trois autres légataires que Villon désigne comme sergents de la prévôté, Michault du Four, — « ung bon sot, » au dire du poète, — exerçait en 1457 l'office de sergent à verge au Châtelet de Paris, ainsi que le prouve

---

1. Sauval, *Hist. et rech. des antiquités de Paris*, t. III, p. 422.
2. Archives nationales, Y. 5231. Etienne Génevois est nommé dans ce registre au 10 septembre 1454. Le nom de Pierre Génevois y revient trop fréquemment pour qu'il soit utile de renvoyer à quelques dates ; nous l'avons rencontré dans d'autres documents, notamment en 1434 comme procureur de l'abbaye de Saint-Germain-des-Prés (Archives nat., LL. 1034, f° 118 r°), et en 1448, en qualité de procureur de la nation de France en l'Université de Paris (Registre des procureurs de la nation de France, conservé à la Bibliothèque de l'Université, f° 90 r°). — Cependant, si Villon a écrit Angenoulx au lieu de Génevois, ou si dans une révision de son œuvre il a donné place à ce nom dans ses vers, le personnage auquel il faisait allusion était probablement un autre légiste, « maître Jehan Angenost, licentié en loix » qui, le 18 septembre 1461, fut admis à prêter serment en qualité de conseiller-lai en la cour de Parlement (Archives nationales, X$^{1a}$. 1484, f° 196 r°).
3. *Grand Testament*, huit. 96.

l'enquête relative à l'affaire du collége de Navarre, enquête à laquelle il prit part et que nous reproduisons plus loin [1].

Le Parlement n'est représenté chez Villon que par trois légataires : Andry Courault, Jacques Fournier et Robert Valée.

C'est à « maistre Andry Courault, » nommé à tort Jehan par un manuscrit, que Villon lègue ses *Contredits de Franc-Gontier*; ce personnage était, en 1454 et 1457, procureur au Parlement [2].

Quant à Jacques Fournier, que Villon appelle son procureur, c'était un conseiller au Parlement qui mourut le 30 février 1464 (v. st.) et dont la sépulture, ainsi que celle de ses deux femmes et de ses trois enfants, se voyait dans l'église des Cordeliers de Paris [3].

Maistre Robert Vallée, dont le Petit Testament fait un « povre clergeault » à la même cour, pourrait être assimilé à un « Robertus Valée, » natif du diocèse de Poitiers, qui était reçu maître-ès-arts à Paris au

---

1. Aux pièces justificatives, sous le n° VI.
2. Archives nationales, Y. 5231, au 2 juillet 1454; X³ 1, au 26 janvier 1457 (v. st.).
3. Lebeuf, *Hist. de la ville et de tout le diocèse de Paris*, édit. Cocheris, t. III, p. 321. — Ce personnage est appelé Jacques Fournier *l'aîné*. Il doit par conséquent être distingué d'un homonyme qui figure aussi dans les documents du temps et qui fut le beau-père du poète Martial d'Auvergne.

commencement de l'année 1449 [1] ; ce personnage devint curé de Ville-d'Avray et fut promu le 24 février 1452 à l'acolytat et le 26 novembre 1453 au sous-diaconat [2]. Son « amie », Jeanneton de Millières, dont l'existence nous est révélée par une indiscrétion de Villon, figure sous la date du 18 février 1454 (v. st.) dans un registre criminel du Parlement, en raison d'un procès qu'elle soutenait alors contre une certaine Jeanneton Hugote [3].

Nous remarquons dans les Testaments deux personnes attachées au trésor royal. L'un, Pierre de Saint-Amand, dont la femme aurait mis Villon au « rang de caÿmant [4], » était clerc du trésor du roi en 1447 et possédait une maison au coin des rues Jean-Painmollet et de Saint-Bon [5]. L'autre, le seigneur de Grigny, auquel Villon léguait en 1456 la garde du château de Nigeon et neuf chiens, est plus connu sous le nom d'Étienne Chevalier. Seigneur de Grigny par son mariage avec Catherine Budé en

---

1. Bibliothèque de l'Université; reg. des procureurs de la Nation de France, f° 104 r°.
2. Archives nationales, LL 17, f°° 68 r° et 81 r°.
3. *Ibid*, X$^{2a}$, 28. C'est à tort qu'on a écrit 18 février 1465 dans un récent ouvrage cité par M. Gaston Paris (*Revue critique d'histoire et de littérature*, t. XIV, p. 198).
4. *Grand Testament*, huit. 87. — Saint-Amand est aussi nommé dans le *Petit Testament*, huit. 12.
5. Sauval, *Histoire et recherches des antiquités de Paris*, t. III, p. 344-345.

1449 [1], Étienne fut en 1450 un des exécuteurs testamentaires d'Agnès Sorel, et le chroniqueur Jean Chartier le qualifie à ce propos de secrétaire et trésorier du roi [2]. Il avait encore cette dernière qualité lors de la mort de Charles VII, qui le désigna aussi par son testament comme un de ses exécuteurs [3]. Louis XI l'investit également de sa confiance, car il fut l'un des commissaires que ce prince choisit en 1465 pour traiter avec la ligue du Bien Public [4] ; il mourut le 3 septembre 1474 [5].

Un élu de Paris est placé par Villon au nombre de ses légataires. C'est « sire Denis Hesselin » qui fut peu flatté sans doute d'être dénoncé comme l'un des plus francs buveurs de la ville de Paris [6] ; Villon termine la strophe qui le concerne par cette sévère réflexion : « Vin perd maint bonne maison. » Denis Hesselin, écuyer et maître d'hôtel du roi Louis XI, occupa la charge de prévôt des marchands de 1470 à

---

1. La Chesnaye des Bois, *Dictionnaire de la noblesse*, 2ᵉ édit. t. IV, p. 434.
2. *Chronique de Charles VII, roi de France*, par Jean Chartier, édit. Vallet de Viriville, t. II, p. 185.
3. *Chronique scandaleuse*.
4. *Ibid.* — L'abbé Lebeuf nous apprend en outre qu'il fut envoyé en ambassade en Angleterre sous Charles VII, et à Rome sous Louis XI en 1470 (*Hist. de la ville et de tout le diocèse de Paris*, t. XII, p. 94).
5. On lira avec fruit, sur ce personnage la notice que M. Vallet de Viriville lui a consacrée dans la Biographie Didot, (t. X, p. 25).
6. *Grand Testament*, huit. 88.

1474, puis celle de greffier-receveur de la ville de Paris de 1474 à 1500. On a récemment démontré qu'il fut l'inspirateur, sinon l'auteur, de la Chronique du roi Louis XI, ordinairement désignée sous le nom de Chronique scandaleuse [1].

« Sire Colombel », que Villon indique comme devant être un de ses exécuteurs testamentaires, était aussi élu de Paris à la date de 1454 [2]. Guillaume Colombel devint ensuite conseiller du roi, mourut le 4 avril 1475 et fut enseveli aux Cordeliers de Paris [3]. Il avait épousé Isabeau de Cambrai, fille d'Adam de Cambrai, premier président, dont il fut séparé de biens par un arrêt du Parlement en date du 3 mai 1465, à la suite d'un procès scandaleux qui convainquit Isabeau d'adultère et de détournement des deniers de son mari [4].

On trouve dans le Grand Testament trois personnages ayant rempli antérieurement les fonctions d'échevin. Ce sont Jean de Calais, Michel Cul-d'Oe et Nicolas de Louviers.

Le premier était « un honorable homme » qui, en

---

1. Aug. Vitu, *La Chronique de Louis XI, dite la Chronique scandaleuse, faussement attribuée à Jean de Troyes, restituée à son véritable auteur.* (In-8°, Paris, librairie des bibliophiles, 1873).
2. Archives nationales, $X^{2a}$ 25.
3. Lebeuf, *Histoire de la ville et de tout le diocèse de Paris*, édit. Cocheris, t. III, p. 463.
4. L'arrêt du Parlement se trouve dans le registre $X^{2a}$. 34 des Ar-

1461, n'avait pas vu Villon depuis trente ans et ne savait pas son nom [1], ce qui revient à dire qu'il ne le connaissait nullement. Les commentateurs l'ont confondu à tort avec un poète de même nom qui passe pour être l'auteur du *Jardin de plaisance*. Jean de Calais, auquel Villon donna plein pouvoir de remanier son Testament, était un riche bourgeois de Paris qui, compromis au mois de mars 1460 dans une conspiration ayant pour but de délivrer la capitale de la France du joug anglais, fut emprisonné et n'échappa à la mort qu'en obtenant des lettres de rémission, payées sans doute par de grosses sommes d'argent [2]. Dix années plus tard, c'est-à-dire quatre ans après la reddition de Paris au roi Charles VII, Jean devint l'un des quatre échevins de la ville [3]. Nous le retrouvons ensuite plaidant en janvier 1452 (v. st.) en la Tournelle

chives nationales, f<sup>os</sup> 145 r° à 153 v°. — C'est à tort que la Chronique scandaleuse rapporte le procès d'Isabeau de Cambrai à une date postérieure d'un an.

1.   Pour ce que scet bien mon entente
     Jehan de Calais, honorable homme,
     Qui ne me vit, des ans a trente,
     Et ne scet comment je me nomme
                        (*Grand Testament*, huit. 160).

2. Les lettres de rémission, transcrites dans deux registres du Trésor des chartes (JJ. 174, pièce 353 ; JJ. 175, pièce 1) ont été publiées par M. Stevenson, dans les *Letters and papers illustrative of the wars of the English in France during the reign of Henri the Sixth* (t. I, p. 34-50) et il en a été récemment question dans le *Bulletin de la Société de l'Histoire de Paris et de l'Ile-de-France*, t. II, p. 72 et 77.

3. Lazare, *Dictionn. adm. et hist. des rues et monuments de Paris*, 2<sup>e</sup> édition, p. 69.

du Parlement contre Denise, sa femme [1], et un acte de 1453 nous apprend qu'il était marguillier de l'église de Saint-Jean-en-Grève [2], où il devait recevoir la sépulture [3].

Michel Cul-d'Oe appartenait à une vieille famille parisienne qui avait fourni deux prévôts des marchands [4], et il avait été en 1440 le collègue de Jean de Calais à l'échevinage [5]. En 1448, « sire Michel Cul-d'Oe » était le prévôt de la Grande Confrérie aux Bourgeois de la ville de Paris [6].

Nicolas de Louviers, échevin en 1444 et 1449 [7], est cité comme receveur des aides de Paris de 1454 à

---

1. Archives nationales, X²ᵃ 25 (aux 30 et 31 janvier 1452).
2. Le *Mercure de France* de septembre 1742 (p. 1955) renferme un texte de 1453 où « dominus Johannes Caleti » paraît comme marguillier de Saint-Jean.
3. Lebeuf, *Histoire de la ville et de tout le diocèse de Paris*, édit. Cocheris, t. I, p. 359. Le nom de Jean de Calais était assez répandu au xvᵉ siècle : nous trouvons, en 1460, un « Johannes de Calais, clericus non conjugatus, » traduit devant la cour de l'officialité de Paris pour coups et blessures (Arch. nat., Z. 7764, fᵒˢ 16 rᵒ, 17 rᵒ, 35 rᵒ) et un autre de ses homonymes, né au diocèse de Thérouanne, paraît en 1478 parmi les licenciés ès-arts de la nation de Picardie (Biblioth. de l'Université, registre II, fᵒ 88). L'auteur présumé du *Jardin de Plaisance* est peut-être l'un de ces deux clercs.
4. Jean Cul-d'Oe avait été prévôt des marchands en 1355, et Charles Cul-d'Oe le devint en 1404.
5. Lazare, *Dictionn. adm. et histor. des rues de Paris*, p. 297. — C'est dans le huitain 125 du Grand Testament que Villon nomme Michel Cul-d'Oe.
6. Sauval, *Histoire et recherches des antiquités de Paris*, t. III, p. 345.
7. Lazare, *Dictionnaire administratif et historique des rues de Paris*, p. 297.

1461 [1], et Louis XI, à son avénement, le créa conseiller en la Chambre des comptes [2]. Il mourut le 15 novembre 1483 et fut enterré aux Saints Innocents : son épitaphe le dit seigneur de Cannes et de la Forêt, conseiller et maître des comptes du roi. Sa femme, Michelle Brice, était morte dès 1450 [3]. Il était père de Charles de Louviers qui, tonsuré le 7 juin 1449 [4], devint depuis échanson du roi [5], et sans doute aussi de Jean de Louviers, maître ès-arts et bachelier en décrets, qui fut reçu chanoine de Notre-Dame de Paris le 17 mai 1462 [6].

En dehors des personnages que nous venons d'énumérer, les Testaments mentionnent d'autres membres d'honorables familles parisiennes, tels que Philippe Bruneau, mademoiselle de Bruyères, Jacques Cardon, Michel Jouvenel, Mairebeuf, Ythier Marchand, le jeune Merle, Jean et François Perdrier, Jean et Jacques Raguier, Charles Taranne et Volant.

Philippe Bruneau, que Villon qualifie « escuyer », est nommé dans un compte de la prévôté de Paris pour

---

1. Archives nationales, Y. 5231 (au 13 déc. 1454) et KK. 52, f° 161 v°.
2. *Chronique scandaleuse.*
3. Lebeuf, *Hist. de la ville et de tout le diocèse de Paris,* édit. Cocheris, t. I, p. 199.
4. Archives nationales, LL. 13, f° 3 r°.
5. *Chronique scandaleuse,* sous la date du 15 mai 1468.
6. Archives nationales, LL. 223, p 385

l'année 1457, comme fils de feu maître Étienne Bruneau et de « damoiselle Huguette de Vielz-Chastel »[1]. Nous ne pensons pas qu'on puisse le confondre avec un personnage peu recommandable du nom de Philippe Brunel, seigneur de Grigny, que font connaître plusieurs autres comptes de 1475 à 1488[2] et surtout un scandaleux procès plaidé au Parlement en 1468[3], car les deux noms, Bruneau et Brunel, ne se prenaient plus alors l'un pour l'autre.

« Madamoiselle de Bruyeres » était une bourgeoise de Paris que nous avons rencontrée à plusieurs reprises dans les pièces contemporaines. Elle se nommait Isabelle et avait été mariée à Regnauld de Thumery, mais elle était déjà veuve en 1441[4]. Elle vivait encore en 1471, ainsi que le constate un acte d'ensaisinement[5] où sont également nommés deux autres des légataires de Villon : François de la Vacquerie et frère Baude.

Jacques ou « Jacotin Cardon, le jeune, marchant drappier et chaussetier, bourgeois de Paris[6] », demeu-

---

1. Sauval, *Hist. et rech. des antiquités de Paris*, t. III, p. 355-356.
2. *Ibid.* t. III, p. 430, 438, 445 et 478.
3. Archives nationales, X²ᵃ 35, à la date du 2 août 1468.
4. « Inter Robertum Rogieri et Ysabellim de Bruieres, relictam defuncti Reginaldi de Thunery » (Archives nationales, X¹ᵃ 1482, f° 176 ; à la date du 14 août 1441).
5. Elle est nommée « honorable femme, Isabel de Bruierez, bourgoise de Paris », dans cet acte que nous imprimons sous le n° XIV de nos pièces justificatives.
6. C'est ainsi que le qualifient les documents contemporains.

rait sans doute dans le voisinage de la place Maubert, vers laquelle on le trouve en 1461 et en 1466, achetant d'abord une maison, puis une rente [1].

Michel Jouvenel des Ursins, l'un des exécuteurs testamentaires de Villon, était le huitième fils de Jean Jouvenel, prévôt des marchands sous le règne de Charles VI; il était né en 1408, devint bailli de Troyes en 1455 et mourut en 1470 [2].

Mairebeuf, dont Villon ne sépare pas le nom de celui de Nicolas de Louviers, doit être reconnu probablement dans Pierre Merebeuf, drapier, demeurant rue des Lombards, que nous avons vu nommé dans des documents de 1454 à 1458 [3].

Maistre Ythier Marchant se rangea, lors de la guerre du Bien Public, dans le parti opposé au roi et fut l'un des commissaires qui traitèrent de la paix. Après la mort du duc de Guienne, il se retira près du duc de Bourgogne, conspira en 1473 avec ce prince pour empoisonner Louis XI et chargea de ce soin son serviteur Jean Hardy, qui fut écartelé [4]. Il est remarquable que le nom de maître Ythier vient sous la plume de Villon, dans l'un et l'autre des Testaments, aussitôt qu'il a parlé de la dame de ses pen-

---

1. Archives nationales, S. 1648, f° 108 v° et 54 r°.
2. Le P. Anselme, *Histoire généalog. de la maison de France*, 3ᵉ édit., t. VI, p. 404.
3. Archives nationales, Y. 5231, au 5 sept. 1454, et KK. 409, p. 59.
4. *Chronique scandaleuse.*

sées [1]. En 1456, le poète dit, mais peut-être par ironie, qu'il se sent « très-tenu » envers ce personnage, dont Villon avait évidemment surpris le secret amoureux, car, en 1461, il lui légua un *de profundis*:

> Pour ses anciennes amours,
> Desquelles le nom je ne dis
> Car il me herroit à tous jours.

Doit-on conclure de ces faits que Ythier Marchant était le rival préféré de Villon. Non, sans doute, puisque suivant le *de profundis* en forme de rondeau, la maîtresse d'Ythier avait été ravie à la tendresse de ce dernier par la mort.

Le jeune Merle auquel Villon donne à gouverner son « change [2] » n'est vraisemblablement pas différent de « sire Jehan de Merle, changeur, bourgeois de Paris » (dont nous trouvons mention à la date du 17 février 1457 [3]), bien que dans le manuscrit de l'Arsenal les mots « le jeune Merle », aient fait place au nom de « Germain de Merle. « Ce dernier personnage également contemporain de Villon, et sans doute parent de Jean de Merle, ne paraît pas, en effet, avoir exercé la profession de changeur; en effet, des actes de 1461 et de 1470 le qualifient « marchant, bourgeois de Paris [4]. »

---

1. *Petit Testament*, huit. 11. — *Grand Testament*, huit. 84.
2. *Grand Testament*, huit. 116.
3. Arch. nationales, S. 1648, f° 23 r°.
4. *Ibid.*, S. 1648, f°' 110 v° et 132 v°.

Jean Perdrier et François, « son second frère, » paraissent avoir été d'intimes amis de Villon qui, pourtant, aurait été trahi par François [1]. Jean était à peu près de l'âge de notre poète, car il avait vingt-deux ans « ou environ » lorsque son père, Guillaume Perdrier, changeur et bourgeois de Paris, l'émancipa le 10 mai 1454 [2]; il avait le titre d'écuyer et remplissait en 1466 et 1467 l'office de concierge de l'hôtel des Loges, en la forêt de Saint-Germain [3]. Nous ignorons la date de sa mort et nous ne trouvons pas son inscription funéraire au milieu de celles de la famille Perdrier, qui avait sa sépulture aux Innocents; mais on connaît l'épitaphe de François Perdrier, receveur pour le roi à Caudebec, qui mourut le 26 août 1487 [4].

Jean et Jacques Raguier, que Villon connaissait dès 1456 [5] appartenaient à une famille d'origine bavaroise, venue en France au temps de la reine Isabeau; leur père, Antoine Raguier, conseiller du roi, trésorier des guerres et seigneur de Thionville, mourut en 1468 [6].

---

1. *Grand Testament*, huit. 130.
2. Archives nationales, Y. 5231.
3. Sauval, *Hist. et recherches des antiquités de Paris*, t. III, p. 336 et 391.
4. Lebeuf, *Hist. de la ville et de tout le diocèse de Paris*, éd. Cocheris, t. I, p. 201.
5. Ils sont nommés dans le Petit Testament aux huitains 18 et 20.
6. « Je, Jehan Raguier, filz ainsné de feu maistre Anthoine Raguier, en son vivant conseiller et receveur des guerres du roy nostre sire, commis et ordonné par ledit seigneur à tenir le compte du parachevement de l'office de mondit feu pere » (Bibliothèque nationale; cabinet des titres, pièce datée du 14 avril 1469, dossier

Jean, l'aîné des fils d'Antoine, que Villon nous présente en 1461 comme l'un des douze sergents attachés à la personne du prévôt de Paris [1], prit part aux joûtes de la Tournelle en 1468 [2]; à cette date il était grènetier de Soissons et trésorier des guerres au duché de Normandie. Il remplissait en 1476 l'office de receveur-général des finances au même pays [3], et on le qualifiait conseiller du roi et maître des comptes en 1485 et en 1495 [4]. Si l'on en juge par la strophe qui lui est consacrée dans le Grand Testament, Jean devait être un grand mangeur. Quant à son frère Jacques, c'était un rude buveur; aussi Villon, qui savait que sa première visite, au matin, était pour la taverne de la Pomme-de-Pin, lui lègue-t-il pour étancher sa soif l'abreuvoir Popin [5], puis le Grand Godet de Grève [6], l'une des enseignes de la rive droite [7]. Jacques Raguier, qui avait embrassé l'état

Raguier). — Tout en identifiant ici le Jean et le Jacques Raguier de Villon avec deux des fils d'Antoine Raguier, nous devons faire observer que la généalogie de la famille Raguier que l'on trouve dans la *Recherche de la noblesse de Champagne*, de Caumartin (Chaalons, 1673), donne un renseignement qui semble affaiblir notre rapprochement : on y lit qu'Antoine se maria en 1447 avec Jacquette Budé ; mais si cette date est exacte, il se peut aussi que Jean et Jacques soient issus d'un premier mariage d'Antoine.

1. *Grand Testament*, huit. 95.
2. *Chronique scandaleuse*.
3. Bibl. nationale, ms. 10375 du fonds français.
4. Bibl. nationale, cabinet des titres, dossier Raguier.
5. *Petit Testament*, huit. 20.
6. *Grand Testament*, huit. 91.
7. Villon, qui connaissait sans doute moins la rive droite de la

ecclésiastique, devint en 1483 évêque de Troyes par cession de son oncle Louis Raguier et mourut dans un âge avancé en 1518 [1]. Il eut ainsi le loisir, pendant les trente dernières années de sa vie, de voir l'imprimerie populariser des vers où son penchant pour le vin était porté à la connaissance publique.

Sire Charlot Taranne, dont le nom est associé à celui de Michel Cul-d'Oe [2], demeurait près de l'église de Saint-Jacques-de-la-Boucherie et fut traduit en 1461 devant l'officialité de Paris pour avoir blasphémé, à l'occasion d'une querelle de jeu [3].

Volant, qui devait sonner le grand beffroi pour les funérailles de Villon, appartenait à une famille dont nous trouvons plusieurs membres dans les documents contemporains [4].

---

Seine que la rive gauche où il passa une partie de sa vie, paraît s'être trompé en plaçant *le Grant Godet* en Grève, car un écrit du xv° siècle, *l'Esbatement du mariaige des IIII fils Hemon où les enseignes de plusieurs hostels de la ville de Paris sont nommés*, mentionne *le Grant Godet*, de la rue de la Cossonnerie, et *lez Gobelets, en Greve* (Jubinal, *Mystères inédits*, t. I, p. 372); Villon aurait donc confondu ces deux enseignes. Remarquons à ce propos que les legs d'enseignes sont fréquents dans Villon, et que c'est à cette circonstance que le Petit Testament doit surtout l'obscurité qui caractérise certaines de ses strophes (notamment les strophes 11 et 12).

1. *Gallia christiana*, t. XII, c. 516.
2. *Grand Testament*, huit. 125.
3. « Karolus Tarenne, commorans prope Sanctum Jacobum de Carnificeria, citatus, emendavit projecisse contra terram alearium, seu *tablier*, in despectu Dei.... Taxatus ad XV solidos. » (Archives nationales, Z. 7765, à la date du 14 octobre 1461).
4. Simon et Guillaume Volant, fils de Guillaume Volant, de

Les Testaments contiennent aussi les noms de quelques-uns des écoliers que Villon avait rencontrés dans sa jeunesse. Le seul registre de la faculté des arts se rapportant à l'époque qui nous occupe permet de compter comme tels Martin Bellefaye, Blaru, Guillaume Charruau, Thomas Tricot et Robert Valée. Nous avons déjà dit ce que nous savions de Bellefaye et de Valée.

Blaru [1] pourrait être le même que Pierre Blarru, de Paris, écolier en l'Université de cette ville, qui obtint la maîtrise vers le mois de février 1455 (v. st.) [2]; mais si l'on considère que l'auteur du Petit Testament lui légua, en 1456, un « diamant », on le reconnaîtra bien plutôt pour Jean de Blarru, orfèvre, demeurant sur le Pont(-au-Change), lequel figure fréquemment en 1460 et en 1461, comme justiciable de l'officialité [3].

Guillaume Charruau, que Villon appelle son « ad-

---

Paris, reçoivent la tonsure en 1451 (Arch. nat., LL. 13, f° 40 r°); Guillaume Volant, marchand et bourgeois de Paris, est nommé à la date du 18 juillet 1454 (Ibid., Y. 5231); Jean Volant, également marchand, figure en 1450 dans la Chronique scandaleuse, et en 1472 (et non en 1462, comme le porte à tort l'imprimé) dans un compte du domaine de Paris (Sauval, *Histoire et recherches des antiquités de Paris*, t. III, p. 412). — C'est au huitain 167 que Villon parle de Volant.

1. *Petit Testament*, huit. 12.
2. Biblioth. de l'Université, reg. des procureurs de la Nation de France, f° 216 v°.
3. Archives nationales, Z². 7765, sous la date du 18 octobre 1461; voyez aussi le registre Z². 7764, *passim*.

vocat » et dont il signale la pauvreté [1], était aussi un étudiant parisien qui, reçu bachelier entre janvier et mars 1447 (v. st.), figure parmi les nouveaux licenciés et les nouveaux maîtres ès-arts quinze mois plus tard, c'est-à-dire avant le 2 juin 1449 [2].

Thomas Tricot, ce « jeune prebstre » du Grand Testament [3], était natif du diocèse de Meaux et avait été reçu licencié et maître ès-arts à la fin de l'année 1452 [4]; nous le retrouvons le 31 mars 1460 (v. style), gagnant un procès au Parlement [5].

Parmi les personnages nommés par Villon, il en est dont la trace, en raison de l'humilité de leur profession, est difficile à retrouver dans les papiers du XVe siècle; nous avons cependant été assez heureux dans nos recherches sur quelques-uns d'entre eux. Ainsi, par exemple, ce frère Baude « demourant à l'ostel des Carmes, » ce religieux à la mine si hardie [6], n'est pas plus une création de Villon que ses autres légataires; on le retrouve sous le nom de « frère Baude de la Mare » dans un acte du 27 août

---

1. *Grand Testament*, huit. 89.
2. Reg. des procureurs de la Nation de France, fos 80 r°, 102 r° et 103 v°.
3. *Grand Testament*, huit 172.
4. Registre des procureurs de la nation de France, f° 166 r° et v°.
5. Archives nationales, X3a. 3.
6. *Grand Testament*, huitain 110.

1471 avec tous les autres religieux du couvent des Carmes, situé à la place Maubert [1].

Robin ou Robert Turgis, que les vers de Villon désignent assez clairement comme tavernier [2], figure dans les documents contemporains : c'était le propriétaire de la Pomme-de-Pin [3], ce fameux cabaret auquel Villon lui-même fait au moins deux fois allusion [4] : il nous a paru curieux de rapprocher ici le nom de la taverne et celui de son propriétaire. La taverne de la Pomme de Pin, dont le nom paraît aussi dans Rabelais, était située rue de la Juiverie, en la Cité [5], tout auprès de l'église de la Madeleine, où la veuve de Robert Turgis, Marguerite Joly, fonda une chapelle avant 1495 [6].

Le barbier de Villon, Colin Galerne [7], n'est pas non plus un personnage imaginaire : *Colinus Galerne, barbitonsor,* paraît plusieurs fois en 1460 et 1461 dans les registres de l'officialité [8]; c'était à cette époque

---

1. Voyez plus loin aux pièces justificatives, n° XIV.
2. *Grand Testament*, huit. 88 et 93. — Robert Turgis est aussi nommé au huitain 66.
3. « RUE DE LA JUIFVERIE : .... Robin Turgis, tavernier à la Pomme de Pin ». (Compte de la ville de Paris, de 1457-1458, aux Archives nationales, KK. 409, f° 63 v°).
4. *Petit Testament*, huit. 20. *Grand Testament*, huit. 91.
5. Cette situation est indiquée dans un compte de la ville de Paris de 1458; voyez la note 3.
6. Archives nationales, L. 610.
7. Colin est nommé au huitain 144 du Grand Testament.
8. Archives nationales, Z. 9764, f°s 16 r°, 94 v°, 95 n°, 96 r°, 97 r°, 102 v° et 113 v°.

l'un des marguilliers de l'église de Saint-Germain-le-Vieux, en la Cité, et un compte de la fabrique de cette paroisse, en date de 1474, conserve sa signature [1].

Il était donc réellement, comme le dit le poète, « près voisin d'Angelot l'herbier [2] », lequel doit être reconnu dans « Angelot Baugis, herbier (c'est-à-dire herboriste) et bourgeois de Paris, demourant en la « paroisse Saint-Germain-le-Vieulx », qui vendit en 1453 à son curé, maître Guillaume Pommier, docteur en théologie, deux livres parisis de rente annuelle sur la maison de la Heuze, située rue de la Harpe [3].

La Maschecroue, qui fournissait Nicolas de Louviers et Mairebeuf de perdrix et de pluviers [4], était, s'il faut en croire une note de l'exact Fauchet, une rôtisseuse voisine du Grand Châtelet [5].

Jean le Loup, qui dérobait des canards dans les fossés de la ville et auquel il aurait fallu, suivant Villon, un grand tabart pour cacher le fruit de ses vols [6], ne doit pas être différent d'un individu de ce nom, voiturier par eau et pêcheur, que la ville chargea en 1456 du nettoyage de ses fossés [7]. Cholet, le

1. Archives nationales, H. 3776.
2. *Grand Testament*, huit. 144.
3. Archives nationales, LL. 557, f° 200 r° et v°.
4. *Grand Testament*, huit. 92.
5. Cette note de Fauchet se trouve au f° 55 r° de son manuscrit de Villon.
6. *Petit Testament*, huit. 24; *Grand Testament*, huit. 100.
7. « Jehan le Loup, voicturier par eaue et pescheur », est condamné à une amende envers la ville de Paris, le 15 août 1456 (Ar-

compagnon de ses larcins, doit être reconnu probablement dans un personnage peu recommandable, Casin Cholet, qui, vers 1456, eut avec Guy Tabarie, le transcripteur du roman du *Pet-au-Diable*, une querelle accompagnée de voies de faits qui motivèrent tout au moins l'arrestation de son adversaire [1]. Casin Cholet devint plus tard, s'il ne l'était déjà, sergent à verge au Châtelet de Paris, et Denis Hesselin, l'auteur de la Chronique scandaleuse, rapporte que le 8 juillet 1465, il jeta l'alarme dans Paris, en annonçant faussement l'entrée des Bourguignons dans la capitale : emprisonné à raison de ce fait, il fut dépouillé de son office, puis condamné à être battu par les carrefours de la ville, et à tenir prison pendant un mois après qu'il aurait été fustigé, ce qui eut lieu le 14 août suivant [2].

---

chives nationales, KK. 408, f° 183 r°); il paraît aussi comme fournisseur de la ville en 1459 (*Ibid.*; KK. 409, f° 350). — Il y avait alors deux Jean le Loup que l'on distinguait par les épithètes d'*aîné* et de *jeune* (*Ibid.*, f° 268 v°), et c'est à ces deux individus *(aux deux Loups)*, que l'Hôtel de Ville payait en 1457 une somme de deux sous parisis « pour une nasselle qui avoit esté mise dedans les fossés, par l'ordonnance de sire Philippe l'Allement, pour laver la bonde et icelle nettoyer. » (*Ibid.*, KK. 408, f° 249 v°). — Le nom de Jean le Loup était encore porté à cette époque par d'autres parisiens ; ainsi, l'on rencontre en 1452, dans un registre d'ensaisinements du chapitre de Sainte-Geneviève, un « Jehan le Loup, marchant boulengier, bourgeois de Paris. » (*Ibid.*, S 1648, f° 106 v°).

1. Voyez l'interrogatoire de Guy Tabarie, au n° X de nos pièces justificatives.

2. *Chronique scandaleuse*, aux dates indiquées.

Tels sont les légataires de Villon dont nous avons constaté la mention dans les documents d'archives du XVe siècle. C'est à peine s'il en reste huit ou dix sur lesquels nous n'avons recueilli aucun renseignement, mais il n'est pas douteux que des recherches ultérieures ne nous les fassent connaître d'une manière authentique.

# PIÈCES JUSTIFICATIVES

## I

Procès en la cour de Parlement entre maître Guillaume de Villon et Jean Moret, relativement à la chapelle de Notre-Dame de Gentilly.

(19 juillet 1425 — 12 janvier 1429)

Jeudi, xix<sup>e</sup> jour de juillet [M CCCC XXV],

Entre maistre Guillaume de Villon [1], d'une part, et Jehan Morel d'autre part, qui dit que le roy lui donna autresfois en regale la chappelle de Gentilly, lors vacant par le trespas de feu maistre Guillaume de Marle. Et, pour ce que partie l'avoit fait citer, Morel lui fist fere inhibicion qu'il ne le traictast en court d'eglise; si conclut afin qu'il soit dit que les dites inhibicions ont esté bien faictez et, se mestier est, soit dit son don bon et valable, etc.; et demande despens.

Maistre Guillaume dit que, par vertu de ses bulles,

---

1. Le scribe a d'abord écrit *Villein*, mais, ayant remarqué que ce nom ne répondait pas au son qu'il entendait, il a ensuite écrit *Vignon* au dessus de la ligne. C'était là une nouvelle erreur, mais cette erreur prouve une fois de plus que les deux *ll* du nom Villon étaient mouillées.

acceptacion et provision, il a droit en la chappelle
Nostre-Dame fondée en l'eglise paroissial de Gentilly,
qui vacqua l'an cccc xxii ; lors n'y avoit point de
regale à Paris. Si sera la cause renvoiée devant l'abbé
de Sainte-Genevieve, conservateur, et ne declare
point le temps de la vacacion, ni le temps de la regale
et ne fonde point la jurisdiction, car la cause est
ecclesiastique.

Appointé que Morel declairera le temps du don et
de la vacacion de ladite chappelle, et partie lui mons-
trera acceptacion et provision, et *alia die* reviendront.

(Archives nationales, X$^{1a}$ 4794, f° 116 r°)

xii$^e$ jour de janvier [m cccc xxviii].

A conseillier l'arrest d'entre maistre Guillaume de
Villon, d'une part, et Jehan Moret d'autre part, sur
le plaidié du xix$^e$ jour de juillet m cccc xxv.

Il sera dit que la court adjuge audit de Villon la
recreance de ladite chappelle pendant ce procès.

(*Ibid.*, X$^{2a}$ 1481, f° 5 r.)

---

## II

Arrêt du Parlement adjugeant la possession de la chapellenie de
Notre-Dame de Gentilly à maitre Guillaume de Villon, en attendant l'issue du procès.

(22 janvier 1429)

Cum litigantibus in nostra Parlamenti curia Johanne
Moreti, actore, ex una parte, et magistro Guillelmo de
Wyllione, magistro in artibus et bacalario in decretis,
defensore, ex altera, super eo quod dictus actor dicebat quod, pridem, apperta regalia in ecclesia Parisiensi

per obitum defuncti Gerardi de Monte Acuto, quondam episcopi Parisiensis, capellania Beate Marie in ecclesia parrochiali de Gentilliaco fundata vacaverat per obitum defuncti magistri Guillelmi de Merla, eandemque capellaniam defunctus avus noster, Karolus tunc Francorum rex, jure regalie apperte dicto actori contulerat, quo nonobstante dictus defensor eumdem actorem coram abbatem sancte Genovefe judice ecclesiastico traxerat in causam. Quapropter dictus actor, dicto defensori inhiberi fecerat, sub certis et magnis penis ne occasione dicte capelle, contra eumdem Moreti in prejudicium juris regalie alibi quam in dicta nostra curia procederet, adversus quas inhibiciones dictus defensor se opposuerat et ob hoc fuerat idem de Wyllone adjornatus causas sue opposicionis dicturus ac ulterius processurus et facturus quod jus esset. Quare petebat dictus actor dictas inhibiciones ad bonam et justam causam factas fuisse, et collationem suam bonam et efficacem dici et declarari, ipsumque in possessione sua dicte capellanie manuteneri et conservari, et prefatum defensorem in suis expensis condemnari, statumque rei contencione in casu dilationis sibi adjudicari. Prefato defensore, ex adverso, dicente quod, virtute cujusdam gracie expectative in rotulo universitatis Parisiensis sibi facte ac processus inde secuti, predictam capellaniam liberam et vacantem per obitum dicti defuncti magistri Guillelmi de Marla, qui diem suum clauserat extremum anno domini $M^o$ $CCCC^o$ $XXII^o$ circa mensem decembris, quo tempore primum Parisius et supra locum dicte capellanie, vera noticia mortis seu decessus dicti defuncti magistri Guillelmi de Marla, innotuerat, acceptaverat et de ipsa sibi provisum fuerat, $xv^a$ mensis januarii adeptus fuerat, sibique virtute dicte sue gracie eadem capellania debebatur, quodque predicta capellania que campestris in ecclesia parrochiali et extra ecclesiam cathedralem ac eciam collegiatam situata non cadebat sub

regalia; dicente insuper quod, tempore collacionis facte
in regalia predicto Johanni Moret, predicta capellania
nundum vacabat per obitum predictum dicti de Marla
qui, ut prefertur, dicto anno domini M° CCCC° XXII°
circa dictum mensem decembris dies suos finierat
extremos; quare petebat causam hujusmodi coram
abbate sancte Genovefe judice ecclesiastico remitti,
inhibicionesque predictas sine causa aut saltem ad
malam et injustam causam sibi factas fuisse, alioquin
ipsum defensorem ab impeticione dicti actoris absolvi,
ac eumdem defensorem in possessione dicte capelle
manuteneri et conservari, et, in casu dilacionis, statum
seu recredenciam dicte capelle sibi adjudicari, et dictum
actorem in ejus expensis condemnari. Dictisque partibus, in omnibus que circa premissa et tam replicando
quam duplicando dicere et proponere voluerant, auditis,
dicta curia ipsas partes in quantum tangebat principale, in factis contrariis et inquesta et quoad statum
seu recredentiam hinc inde, petitis ad tradendum seu
ponendum penes eandem curiam, jura, litteras et munimenta, quibus se juvare intendebant, (assignavisset) ac
in arresto appunctasset. Visis igitur per dictam curiam
litteris, titulis, actis, et munimentis propter eidem curie
per dictum defensorem dumtaxat traditis, actore prefato debite summato super hoc et nichil tradente,
prefata curia nostra recredentiam dicte capelle prefato
magistro Guillermo de Wyllione defensori, pendente
processu supradicto, adjudicavit et adjudicat.

Pronunciatum XXII<sup>a</sup> die januarii, anno domini
M° CCCC° XXVIII°

AGUENIN.

(Archives nationales, X<sup>1a</sup>, f° 183 r°.)

## III

Plaidoiries en la cour de Parlement, au sujet de Regnier de Montigny que l'évêque de Paris réclamait comme clerc.

(21 août 1452.)

Du lundi, après disner, xxi^e d'aoust mil ccc lii, en la Tournele criminele, après le Parlement cloz, quant aux plaidoieries et presentations. Le Duc, president.

Sur le requisitoire de l'evesque de Paris, requerant Regnier de Montigny et Jehan Rosay lui estre renduz comme clercs.

Toussy, pour le procureur du roy, dit que par information appert qu'ils sont trouvez accusez d'avoir batu deux sergents *officiando*, et dit que, au moys de may derrenier passé, lesdiz sergens trouverent à heure indeue ledit Montigny en ceste ville, à l'uis de l'ostel de la Grosse Margot; lui dirent qu'il se devoit retraire et qu'il ne lui appartenoit point d'y estre à ladite heure, dont Montigny ne voult riens faire, et par ce lui cuiderent oster sa dague, mais Montigny s'escria. Parquoy survindrent Rosay et ung nommé Taillelamine qui estoient pres d'illec et batirent tres-grandement lesdiz sergens. A l'occasion de ce, ilz ont esté adjornez par devant le prévost de Paris à trois briefz jours et banniz. Si dit, attendu la sauvegarde du roy en laquelle estoient lesditz sergens et que ilz ont esté batuz *officiando* par lesditz Montigny et Rosay, et aussi le bannissement qui s'en est ensuy, qu'ilz ne seront renduz audit evesque de Paris. Et, s'il advenoit qu'ilz lui feussent renduz, requiert que ce soit à la charge du cas privilegié et aux defenses en telz cas acoutumées, *scilicet* qu'il ne procede à absolution, condempnation ou elargissement, *nisi prius cognito de casu privilegiato*.

Luillier, pour Paris, dit que Montigny et Rosay sont clercs et *in habitu clericali*, et ne scet dont ilz sont accusez, car n'a veu les informations; mais le cas dont on les charge de present n'empesche ladite reddiction. Aussi il ne scet se y a cas privilegié et, par ce, requiert qu'ilz lui soient renduz; au moins que la detention lui en soit baillée.

Ganay, pour Montigny, dit qu'il a esté longtemps prisonnier et que, pour le debat des contendans, ne doit tousjours estre prisonnier. Et dit que, à la derniere feste Saint-Germain l'Auxerroiz, Montigny et maistre Mathieu du Pleiz eurent ensemble paroles rigoureuses sans aucune bateure ou voye de fait. Pour ce, furent constituez prisonniers ou Chastellet de Paris ; mais du Pleiz fut tantost delivré, et non Montigny, au moien du lieutenant criminel. Et dit que, par le registre dudit Chastellet, ne sera trouvé Montigny avoir été constitué prisonnier que pour cas surquoy n'y a aucune information. Et posé qu'il fu trouvé chargé de la bateure des diz sergens, néantmoins n'en a esté emprisonné et dit que Thibault Sarré, sergent, vint en un certain hostel de cette ville, où estoient les dessus diz, sans avoir aucune enseigne de sergent, leur demanda impetueusement qu'ils avoient à faire ; qui lui repondirent qu'il n'en avoient que faire et, pour ce, ledit sergent voult fraper de sa dague Montigny qui la lui osta en se defendant, et lui en donna ung coup sur le bourrelet de son chaperon. Et dit qu'il est appellant du bannissement, et a relevé son appellation et, par ce, doit estre mis en l'estat qu'il estoit au temps de la dicte appellation, ouquel temps il n'estoit point prisonnier. Si dit qu'il doit estre mis à plaine delivrance et, se delivré n'estoit, requiert qu'il soit rendu à l'evesque de Paris, à charge du cas dont il a esté emprisonné. Et dit que le sergent qui a esté batu est content de Montigny, et ne lui demande rien. Et a esté faite sur ce l'informacion par ledit sergent, *qua re, etc.*

Bouchier, pour l'abbesse de Montmartre, dit que Montigny a esté prins en la haulte justice qu'elle a à Paris et, par ce, requiert lui estre rendu. Et au regart de Rosay, dit qu'il ne sera trouvé chargé de la bateure desdiz sergents et, par ce, requiert que pendant le delay desdiz contendans il soit délivré, au moins elargi ; et pour lui employe ce qui a esté dit pour Montigny.

Appoincté est à mettre par devers la court et au conseil.

(Archives nationales, X$^{2a}$, 25)

## IV

Lettres de rémission accordées par le roi Charles VII à maître François des Loges, autrement dit de Villon, convaincu de meurtre sur la personne de Philippe Chermoye, prêtre.

(Janvier 1455.)

Charles, par la grace de Dieu, roy de France. Savoir faisons à tous presens et avenir, nous avoir receu l'umble supplicacion de maistre François des Loges, autrement dit de Villon, aagié de vingt-six ans ou environ, contenant que, le jour de la feste Nostre Seigneur derrenierement passée, au soir après soupper, il estoit assis pour soy esbatre sur une pierre située soubz le cadram de l'orcloge Saint-Benoist-le-Bientourné, en la grant rue Saint-Jaques en nostre ville de Paris, ou cloistre duquel Saint-Benoist estoit demourant ledit suppliant, et estoient avecques luy ung nommé Gilles, presbtre, et une nommée Ysabeau, et estoit environ l'eure de neuf heures ou environ. Ouquel lieu survindrent Phelippes Chermoye, presbtre, et maistre Jehan de Mardi, lequel Chermoye incontinent qu'il avisa ledit suppliant luy dist : « Je regnie Dieu ! je vous ay « trouvé »; et incontinent ledit suppliant se leva pour luy donner lieu, en luy disant : « Beau frere, « de quoy vous coursez-vous ? » Lequel Chermoye, ainsi que ledit suppliant se levoit pour luy faire place, le rebouta tres rigoureusement à ce qu'il luy convint se rasseoir. Voyans ce, les dessusdi Mardi, Gilles [1] et Ysabeau, et supposans que ledit Chermoye, et la maniere de sa venue considerans, n'estoit venu que pour faire noise et desplaisir audit suppliant, se absenterent, et demourerent seulement ledit suppliant et Chermoye. Lequel Chermoye tantost après, voulans sa mauvaise et dempnable voulenté en propos deliberé acomplir et mettre à execution, traict une grand dague de dessoubz sa robe et en frappa ledit suppliant par le visaige sur le bolievre et jusque à grant effusion de sang, comme il apparut et appert de present. Et ce voyant ledit suppliant, lequel pour le serain estoit vestu d'un mantel et à sa sainture avoit pendant une dague soubz icelluy, pour eviter la fureur et mauvaise voulenté dudit Chermoye, doubtant qu'il ne le pressast et villenast plus fort en sa personne, traict sadite dague et le frappa, comme luy semble, en l'ayne ou environ, ne cuidant point lors l'avoir frappé. Et persistant ledit Chermoye à vouloir defaire ledit suppliant, le poursuyvant et improperant [de] plusieurs injures et menasses, trouva ledit suppliant à ses piez une pierre laquelle il print et gecta

---

1. Le registre porte *Phelippes* au lieu de *Gilles*.

visaige dudit Chermoye, et incontinent le laissa et se
departit ledit suppliant et se retraict sur ung barbier
nommé Fouquet pour soy faire habiller. Et habillé,
ledit Fouquet, pour en faire son rapport, demande
audit suppliant son nom et le nom de celluy qui l'avoit
blecié. A quoy ledit suppliant respondit et nomma le
nom dudit Charmoye, afin que le lendemain il fut
attaint et constitué prisonnier, et se nomma ledit
suppliant Michel Mouton. Après lequel cas, ainsi
advenu que dit est, survindrent aucuns ou lieu ou
estoit ledit Chermoye dedens le cloistre aiant sadite
dague, lequel ilz coucherent dedens une maison dudit
cloistre, et fut visité et habillé et le landemain mené
à l'Ostel-Dieu, où le samedi ensuivant à l'occasion
desdiz coups, par faulte de bon gouvernement ou [1]
autrement, il est alé de vie à trespassement. A
l'occasion duquel cas, ledit suppliant doubtant rigueur
de justice s'est absenté du païs et n'y oseroit jamais
retourner se nostre grace et misericorde ne luy estoit
sur ce impartie, humblement requerant que attendu
que, en autres choses, il s'est bien et honnorablement
gouverné sans jamais avoir esté attaint, reprins, ne
convaincu d'aucun autre villain cas, blasme ou re-
prouche, nous lui vueillons sur ce nosdites grace et
misericorde luy impartir. Pourquoy nous, attendu ce
que dit est, voulans misericorde preferer à rigueur de
justice, audit suppliant ou cas dessusdit avons remis,
quitté et pardonné et par la teneur de ces presentes,
de nostre grace especial, plaine puissance et auctorité
royale, remettons, quittons et pardonnons le fait et
cas dessusditz avec toute peine, amende et offense
corporelle, criminelle et civile en quoy il pourroit
estre encouru envers nous et justice, ensemble tous
deffaulx, bans et appeaulx qui, pour ce, seroient ou
pourroient estre ensuiz, et l'avons restitué et resti-

1. Le registre donne *et* au lieu de *ou*.

tuons a ses bone fame et renommée et à ses biens non confisquez, satisfaction faicte à partie civilement tant seulement se faicte n'est, et sur ce imposons silence perpetuel à nostre procureur. Si donnons en mandement par ces presentes au prevost de Paris ou à son lieutenant et à tous nos autres justiciers ou à leurs lieuxtenans presens et avenir, et à chacun d'eulx si com à luy appartendra, que de nostre presente grace, quittance, remission et pardon, ilz facent, seuffrent et laissent ledit suppliant joyr et user plainement et paisiblement, sans le molester, travailler ou empescher en corps ne en biens, ores ne pour le temps avenir, en aucune maniere, mais se son corps ou aucuns de ses biens sont ou estoient pour ce prins, saisiz, arrestez ou empeschez, ilz les mettent ou facent mettre incontinent et sans delay à plaine delivrance ; et afin que ce soit chose ferme et estable à tousjours, nous avons fait mettre nostre seel à ces presentes, sauf en autres choses nostre droit et l'autruy en toutes.

Donné à Saint-Poursain, ou mois de janvier, l'an de grace mil cccc cinquante cinq, et de nostre regne le xxxiiii$^e$.

Ainsi signé : Par le roy à la relation du Conseil, DISOME. *Visa contentor.* J. DU BAN.

(Archives nationales, JJ. 187, pièce 149, fol. 76 v°.)

## V

Lettres de rémission accordées par le roi Charles VII, à maitre François de Montcorbier, coupable du meurtre de Philippe Sermoise, prêtre.

(Janvier 1456.)

Charles, par la grace de Dieu roy de France. Savoir faisons à tous presens et advenir nous avoir receu l'umble supplication de Françoys de Monterbier [1], maistre es ars, contenant que, le jour de la Feste Dieu derrenicrement passé, à heure de neuf heures du soir ou environ, luy estant en la grant rue Saint-Jacques, à Paris, devant l'eglise de Saint-Benoist et dessoubz le cadran de l'orloge d'icelle eglise, acompaignié d'un nommé Gilles et d'une femme nommée Ysabeau, où ils devisoient après soupper, seurvint ung nommé Phelippe Sermoise, prebstre, acompaignié d'un nommé maistre Jehan le Merdi, lesquelz ledit suppliant requist et pria de seoir emprès eulx et leur offry place. Auquel suppliant, ledit Phelippe Sermoise, meu de mauvais courage en detestant Dieu, dist et prophera ses paroles : « Maistre « Françoys, je vous ay trouvé, creés que je vous « courrouceray. » Et, nonobstant, ledit suppliant non esmeu luy demanda s'il se courrouçoit, en luy presentant de recef lieu à soy seoir et luy disant : « Messire [2] Phelippe, vous courroucez vous ? Vous « vous tien je tort ? Que me voulez vous ? Je ne vous

---

1. Nous avons démontré plus haut, p. 13, que *Monterbier* était ici une faute de copiste pour *Moncorbier*.
2. Le ms. porte : *Monss. mess.*

« cuide en riens avoir mesfait. » Et en descendant jusques à la porte du cloistre dudit Saint-Benoist, ledit Phelippe Sermoise voulant acomplir sa dampnable voulenté, tira une dague de dessoubz sa robe et en baillia par le visage dudit suppliant, tellement qu'il luy trancha la baulievre du visage en grant effusion de sang. Et, ce voyant, ceulx qui estoient en leur compagnie se absenterent, et demourerent lesdits suppliant et Sermoise tous seulz, et à cette ocasiou ledit suppliant soy voyant blecé en grant effusion de sang, appercevant la mauvaise voulenté dudit Phelippe, voulant obvier a icelle, tira une dague qu'il avoit soubz ung petit mantel et en bailla audit Sermoise environ l'ayne bien avant, combien que ledit supliant ne le cuidast point avoir frapé. Neantmoins, perseverant l'ung contre l'autre, seurvint ledit maistre Jehan Merdi et voyant ledit supliant avoir mys sa dague en sa main gauche et tenir une pierre en la droite, c'efforça de prendre ladite dague dudit supliant, lequel, soy veant dessaisy et ledit Phelippe le poursuir, lui geta ladite pierre au visage, tellement qu'il cheut à terre, et lors incontinent se absenta ledit supliant et s'en ala faire appareillier. Lequel Phelippe fut levé de la place et porté en l'ostel des prisons dudit Saint-Benoist et illec examiné par certain nostre examinateur ou Chastelet de Paris; lequel Phelippe interrogué par ledit examinateur que s'il advenoit que, de cedit coup, il alast de vie à trespassement, il voulut que poursuite en fust faicte par ses amis ou autres contre ledit suppliant, lequel luy respondyt que non ; mais en ce cas pardonnoit et pardonna sa mort audit suppliant pour certaines causes qui à ce le mouvoient. Et depuis fut icelluy Phelippe porté en l'Ostel-Dieu de Paris, et illec, par faulte de gouvernement ou autrement, à l'ocasion desdiz coups est allé de vie à trepassement. Pour lequel cas advenu par la maniere que dit est, ledit supliant a esté appelé à noz drois, et contre luy procédé par bannissement de nostre royaume, ouquel il n'oserait plus frequenter, reperer ne converser, se nostre grace et misericorde ne luy estoient sur ce imparties, si comme il dit en nous humblement requerant que, attendu que ledit Phelippe durant sa maladie avoit voulu et ordonné que aucune poursuite en fust faicte contre led. supliant, aincz en tant que à luy estoit, il avoit pardonné et pardonnoit audit supliant, et que, en autres cas, il a esté et est home de bonne vie, renommée et honneste conversation sans avoir esté attaint d'aucun autre vilain cas, blasme ou reproche, nous lui veullions sur ce impartir nostre dite grace. Pourquoy, nous ces choses considerées, voulans misericorde preferer à rigueur de justice, audit suppliant ou cas dessus dit avons quitté, remis, etc.... »

Donné à Paris, ou moys de janvier, l'an de grace mil cccc LV et de nostre regne le xxxiiii[e].

Ainsi signé : Par le Conseil, J. DE BAILLY. *Visa contentor*. J. LE CLERC.

(Archives nationales, JJ. 183, pièce 67, f° 49 r°.)

## VI

Enquête faite par Jean Mautaint et Jean du Four, examinateurs au Châtelet de Paris, au sujet d'un vol commis au collége de Navarre.

( 9-10 mars 1457. )

Pour ce qu'il estoit venu de nouvel à congnoissance de justice que, puis peu de temps en ça, on avoit furtivement prins, emporté et emblé la somme de cinq cens escuz d'or, ou environ, dont il y avoit cent escuz, appartenant à l'execucion de feu maistre Rogier de Gaillon, en son vivant doyen de la faculté de theologie, et soixante escuz appartenant à maistre Laurens Pousterel [1], grant bedel de la dite faculté, et le surplus appartenoit à la communauté des doyen, maistres, regens et escoliers d'icelle faculté et pour sçavoir et enquerir qui povoit avoir ce fait, nous Jehan Mautaint, [2] et Jehan du Four, examinateurs de par le roy nostre sire ou Chastellet de Paris, à la requeste des doyen et maistres de ladite faculté de theologie et par leur adviz, conseil et deliberation le mercredi ixe jour de mars mil cccc cinquante six, nous transportasmes en la chapelle du college de Champaigne, dit de Navarre [3], auquel lieu nous trouvasmes venerables et discretes personnes maistre Guillaume de Chasteaufort, principal maistre dudit college [4], maistre Guillaume Everard [5], maistre Pierre Caros [6] et maistre Alain Olyvier, tous docteurs en theologie, lesquelz, ou nom et comme commis et dé-

---

1. Nous avons rencontré le nom de Laurent Pousterel dans plusieurs documents conservés aux Archives nationales. Les extraits de comptes de la prévôté de Paris faits par Sauval nous le font aussi connaître en 1459 comme l'un des chapelains de la chapelle de Passy en l'église de Saint-Gervais de Paris (*Hist. et rech. des antiquités de la ville de Paris*, t. III, p. 360).

2. Jean Mautaint figure, comme légataire, dans les deux Testaments de Villon.

3. L'emplacement du collége de Navarre est occupé aujourd'hui par l'École polytechnique.

4. Guillaume de Châteaufort, natif du diocèse de Bourges, était maître ès-arts, dès 1439. Il devint ensuite professeur de philosophie et docteur en théologie, remplaça en 1456 Pierre du Vaucel comme principal du collége de Navarre et mourut en 1480 (Du Boulay, *Historia Universitatis Parisiensis*, t. V, p. 876-877; Launoy, *Regii Navarre gymnasii historia*, p. 165).

5. Guillaume Evrard, natif du diocèse de Langres, dont le séjour à la faculté des arts de l'Université de Paris est constaté dès l'année 1408 (Du Boulay, *Historia Univers. Paris*. t. V, p. 877).

6. Pierre Caros, recteur de l'Université de Paris le 10 octobre 1453, devint plus tard doyen de l'église cathédrale de Nevers et

putez de par la dicte faculté comme ilz disoient, nous
requirent tres instamment, et semblablement ledit
maistre Laurent Pousterel, que nous voulsissions
visiter les coffres et le lieu où ladite finance avoit
esté prinse et desrobée comme dit est, pour, sur ce,
faire nostre relation par escript; ce que nous leur
acordasmes de faire à leur requeste qomme dit est.
Et à ceste cause ils firent fermer toutes les portes et
entrées dudit college, environ sept heures du matin,
et, ce fait, ilz nous menerent dedens le revestiaire de
ladite chapelle d'icelluy college, ouquel lieu en la
presence des dessusdiz, de maistre Estienne Paquot,
proviseur dudit college, de plusieurs maistres dudit
lieu, et de Michault du Four [1], Jehan de Tournay
et Casin Poret, sergens à verge, nous visitasmes et
fismes lors visiter par ledit Casin Poret, lequel est
serrurier, une grand coffre barré de plusieurs bandes
de fer, fermant à quatre serrures, lequel fut lors ouvert avecques les clefs, et dedans lequel estoit ung
autre petit coffre de noyer, fermant à trois serrures et
bandes de fer, enchainé et tenant dedens ledit grant
coffre à une chaine de fer, lequel coffret fut semblablement ouvert, dedens lequel fut trouvé ung petit
papier ouquel estoient contenues et escriptes les
sommes et diverses especes d'or qui avoient esté
mises en icelluy coffret pour aidier et subvenir aux
affaires et necessitez de ladite faculté, lequel papier
estoit signé en chascun article des scings manuelz des
maistres en theologie et du scing manuel dudit Pousterel
lesquelz avoient esté presens à mettre les sommes de
deniers dedens ledit coffre, et ouquel papier estoient

mourut en 1478 (Du Boulay, *Hist. Universitatis Parisiensis*, t. V,
p. 912.) Les auteurs du *Gallia christiana*, (t. XII, col. 664)
le nomment à tort Pierre Caron.

1. Michault du Four, un des légataires de Villon (voyez plus
haut, p. 107).

plusieurs articles signés des seings manuelz des dessusdiz, lesquels estoient narratifs de toutes les sommes de deniers que lesdits maistres de ladite faculté mectoient audit coffre, et aussi de ce que ils y prenoient pour exposer es affaires d'icelle faculté duquel papier nous avons extraict de mot à mot le dernier article contenant ceste forme :

« *Die penultima augusti* M⁰ CCC⁰ LV⁰, *fuerunt reposita in archa triginta scuta auri, ex hiis que habebat in manu sua dominus Laurencius Poutrelli.* Signatum : *R. de Gaillon, T. de Courcellis* [1], *P. de Vaucello* [2]. »

Et ouquel coffre estoient encore deux cedules en parchemin, en forme d'ataches, contenant la quantité et les especes de l'or mis en garde et commande oudit coffre, lesquelles cedules estoient signées des seings manuelz des maistres qui gardoient les clefs desdits coffres, lesquelles deux cedules sont cy après transcriptes de mot à mot en ceste maniere :

« *In isto coffreto posita sunt centum scuta pro magistro Rogero de Gaillon decano facultatis theologie, pro custodia, in presencia magistrorum nostrorum infrascriptorum et Henrici Alexandri, clerici notarii publici, die tricesima et penultima mensis augusti, anno domini* M⁰ CCCC⁰ *quinquagesimo quinto.* Signatum : *G. Evrardi, T. de Courcellis, P. de Vaucello, Alexandri. Ita est : L. Poutrelli.* »

---

1. Thomas de Courcelles, doyen de l'église cathédrale de Paris, de 1458 à 1469, sur lequel on peut consulter du Boulay. (*Historia Universitatis Parisiensis*, t. V, p 917) et le *Gallia christiana* (t. VII, p. 214).

2. Nous avons longuement parlé de Pierre du Vaucel (voyez plus haut, p. 42, note 2).

« *In isto coffreto posita sunt sexaginta scuta auri pro domino Laurencio Poutrelli, principali bidello facultatis theologie, pro custodia, in presencia magistrorum nostrorum infrascriptorum et Henrici Alexandri, clerici notarii publici, die tricesima et penultima mensis augusti, anno domini* M°. CCCC° *quinquagesimo quinto.* Signatum : *R. de Gaillon, G. Evrardi, T. de Courcellis, P. de Vaucello. Ita est : Alexandri* »

Après laquelle visitacion ainsi faicte, lesdiz maistres de ladite faculté, ledit maistre Laurens et ledit proviseur dudit college, concordablement conclurent et appointerent que nous ferions serche et visitacion es chambres dudit proviseur dudit college, de maistre Symon Germain, de maistre Guillaume de Campanes et de Estienne des Guerrois, pour ce que les diz proviseur, Campanes et Guerrois avoient et ont la garde des clefz de la chapelle et du revestiaire dudit college, ce qui fut par nous fait en la presence desdiz maistres Pierre Caros et Alain Olyvier, docteur, et aussi en la presence desdits sergens; en faisant laquelle visitacion nous ne trouvasmes aucune chose par quoy on peust conjecturer ou avoir suspicion de mal, comme il nous semble à l'encontre des dessus dits ou d'aucun d'eux. Toutes voyes, en la chambre dudit de Campanes, nous trouvasmes la somme de trente escuz d'or tant en escuz neufz, demys escuz, comme en monnoye blanche de viii deniers parisis piece, laquelle somme il avoit mise en deux coffres en plusieurs parties, et lequel fut par nous interrogué qui le mouvoit de ce faire, lequel nous respondi et afferma par serment qu'il le faisoit pour ce que ses coffres estoient aisiez à crocheter comme il disoit, et pour doubte que on ne lui ostast tout son argent à une fois. Item, et en la chambre dudit proviseur nous trouvasmes la somme de six vins escuz d'or neufz entre lesquelz y avoit deux nobles, ung salut et six demys escuz. De laquelle somme dist ledit proviseur qu'il avoit receeu pour faire la continuacion du divin service de la dite chapelle dudit college de Navarre, de maistre Jehan Prenant, comme administrateur de l'aumosne de Tournay, par les mains de Gobin Thibault, dès xv jours a ou environ, la somme et valeur de xxx royaulx en escuz neufs de xxii sols piece ; item de maistre Robert des Roches, dès vi semaines a ou environ, il receut la somme de xv escuz d'or, à cause de xxx escuz d'or de rente que ledit maistre Robert doit chascun an audit college ; item, mardi ou mercredi derrenier passé, il receut de Colin Galet, espicier, demourant en la rue de Saint-Denis pour madame de Bavieres, la somme de xxv escuz d'or et x sols parisis en monnoye et le seurplus desdites pieces compette et appartient audit proviseur. Entre lesquelles pieces d'or avoit deux nobles comme dit est, lesquelz ledit proviseur dit avoir receuz, dès deux ans et demy a ou environ, par les mains de ung religieux celestin du couvent de Paris, duquel ledit proviseur ne scet le nom, avecques autre somme de deniers montant; avecques lesdits deux nobles a xxviii fleurins d'or où environ qui deubz leurs estoient, c'est assavoir par Jehan Taillefer, demeurant à Erle xviii fleurins sur ce qu'il luy povoit devoir, et par ung sien procureur nommé Jehan des Mares, autrement dit de Paris, cordouennier, demourant en Avignon x fleurins d'or qui deubz luy estoient, tant à cause de la revenue d'une chappelle que ledit proviseur a à Tranquetaille, sur le Rosne, pres d'Erle [1], nommée la chappelle de Nostre-Dame de la Chappelle, comme pour autres debtes que on devoit audit proviseur en ladite ville d'Erle, lesquelz xxviii fleurins ont esté paiez et delivrez par deça audit pro-

---

1. La ville d'Arles, en Provence, dont Trinquetaille est aujourd'hui un faubourg.

viseur par le moyen des religieux celestins d'Avignon en l'espece desdiz deux nobles et en escuz neufz du coing du roy nostre sire, courans à present pour XXII sols parisis piece; de laquelle somme de XXVIII fleurins d'or, il se rapporte à la quittance qu'il en a fait audit religieux celestins, pour ce qu'il n'est pas memoratif se lesdites especes d'or sont declairées en icelle quittance. Et, pour ce, nous retreismes par devers les diz maistres et docteurs dessuz nommez, lesquelz appoincterent et accorderent entre eulx du consentement du proviseur et autres maistres et escholiers dudit college que, cedit jour, environ quatre heures de relevée, nous retournerions sur ledit lieu acompaigniez desdiz sergens et de deux ou trois autres serruriers bien expers pour, de rechef, faire par eulx visiter les serrures desdits coffres et coffret pour sçavoir la maniere comment elles avoient esté ouvertes.

(Signé :) J. Dufour ; J. Mautaint.

Item, et à laquelle heure, je Jehan du Four, examinateur dessuz nommé, me transportay sur ledit lieu, auquel vindrent et comparurent semblablement ledit Michault du Four, sergent, ledit Casin Poret, et trois autres serruriers avecques luy. Et, pour ce que lors ledit maistre Jehan Mautaint estoit absent et aussi que lesdiz serruriers n'estoient pas en nombre compettant pour bien faire ladite visitation, ledit proviseur d'icelluy college requist lors que lesdites serrures feussent visitées le lendemain par VIII ou IX serruriers des plus expers dudit mestier en la presence de moi, examinateur dessuz nommé, et d'ung autre examinateur adjoinct et appellé avecques moy, afin que la chose feust solennelment faicte à l'onneur et à la descharge des escoliers et habitans dudit college, et aussi afin de mieulx enquerir et sçavoir la verité de ce que dit est. Et lequel appoinctement je feiz signiffier et assavoir à maistre Pierre de Bonny, examinateur de par le roy nostre sire ou Chastellet de Paris, lequel à ceste cause, le lendemain ensuyvant qui fut jeudi $x^e$ jour dudit mois de mars, environ trois heures de relevée, vint par devers moy afin de mettre à execution ce que dit est. Et, pour ce faire, luy et moy nous transportasmes audit college de Navarre, auquel lieu nous trouvasmes ledit maistre Guillaume de Chasteaufort, maistre Pierre de Vaucel, ledit maistre Guillaume Evrard, maistre Geuffroy le Norment et ledit maistre Laurens Poutrel, et ledit maistre Estienne Paquot, proviseur dudit college et autres maistres et escoliers dudit lieu, lequel proviseur nous presenta et bailla lors par escript certains articles contenuz en ung fueillet de papier pour, sur iceulx, interroguer et examiner par serement les serruriers qui lors devoient faire la visitacion desdites serrures desdits coffres, lesquelz serruriers jusques au nombre de neuf personnes cy après nommez comparurent et convindrent audit lieu pour faire ladite visitacion. Pour laquelle faire en la compagnie desdits maistres et docteurs dessuz nommez, nous nous transportasmes dedens le revestiaire d'icelle chapelle, auquel lieu en la presence desdits maistre, proviseur et autres dessus nommez nous feismes jurer lesdiz serruriers et faire serement solennel aux sains euvangilles de Dieu de bien diligemment et curieusement faire ladite visitacion et d'en faire bon juste et loyal rapport. Après lequel serement, ainsi par eulx fait en la presence que dessuz, nous feismes departir et yssir hors dudit revestiaire les dits maistres, proviseur, bedel et escoliers, et fut cloz et fermé l'uys dudit revestiaire, ouquel lieu nous demourasmes et avec nous ledit Michault du Four, sergent, et lesdits serruriers desquelz les noms et seurnoms sont cy-après declarez en ceste maniere :

Laurens le Brasseur, serrurier, demeurant à Paris, en la grant rue Saint-Jaques devant et à l'opposite de l'eglise Saint-Maturin, aagié de LXIII ans ou environ, si comme il dit ;

Perrin Cousinot, serrurier et juré dudit mestier, demourant à Paris, ou cymetiere Saint-Jehan, aagié de XXXII ans ou environ ;

Guillaume de Calles, aussi serrurier et juré dudit mestier, demourant à Paris, en la rue de la Juifrie, aagié de XXXIII ans ou environ ;

Almet Flament, aussi serrurier et juré dudit mestier, demourant en la rue Saint-Jaques-de-la-Boucherie, aagié de XXX ans ou environ ;

Jehan Turtehen, aussi serrurier et juré dudit mestier, demourant à Paris, près de la Croix du Tirouer, aagié de XXVIII à XXX ans ou environ ;

Thomassin de Calles, serrurier, demourant à Paris, en la rue des Anglois, aagié de XL ans ou environ ;

Lambin Longue-Espée, serrurier, demourant à Paris, en la grant rue Saint-Anthoine, aagié de XXXII ans ou environ ;

Casin Poret, serrurier, demourant à Paris, à la place Maubert, aagié de LXX ans ou environ ;

Loys L'Eschiquier, serrurier et bachelier dudit mestier, demourant à Paris, ou fossé Saint-Germain, aagié de XXIX à XXX ans.

*Raport des IX serruriers dessus diz.*

Tous lesquelz serruriers dessuz nommez visiterent les serrures desdiz deux coffres, c'est assavoir les quatre du grant et les trois du petit, lesquelles serrures ils leverent à ceste fin. Et, après la visitacion ainsi par eulx faicte, ilz orent advis et deliberacion entre eulx pour plus sainement et seurement deposer de ce qu'ilz avoient peu apparcevoir et adviser en icelles et, ce fait en la présence de nous, examinateurs dessuz nommez, ilz deposerent concordablement par la bouche dudit Cousinot ce qui cy après s'ensuit :

C'est assavoir que après ce qu'ilz ont visité dedens et dehors le grant coffre ouquel a quatre serrures de prime face, leur est apparu les trois d'icelles avoir esté levées, par ce que ledit Casin Poret en ce faisant leur a relaté que il avoit assise l'une et redrecié les gardes d'icelle qui avoient esté ployées et les dens du rateau qui avoient esté soubzlevées, et que ce luy avoit apparu avoir esté fait par crochetz, car se ce eust esté à force de clef, elles feussent plustost rompues que playées. Dient oultre, par l'organe dudit Perrin Cousinot, que ledit Casin leur a dit que de la deuxieme serrure le moraillon avoit esté grevé telement qu'il ne povoit ouvrir ne fermer à la clef, et oultre que la serrure du bout de devers l'uys dudit revestiaire avoit esté levée et arrachiée à tenailles et à ciseaulx et rassise, et estoit le pesle demouré derriere telement que le ressort n'estoit point en l'arrest du pesle et les poinctes des crampons estoient rompues par dedens le coffre, et que de la derreniere serrure de l'autre bout les crampons avoient esté soubzlevez, par lequel soubzlevement icelle serrure avoit esté ouverte, comme il apparoit par ce que les boutz des crampons estoient soubzlevez au milieu.

Après laquelle relation à eulx faicte par ledit Casin Poret, les dessuz nommez leverent toutes les quatre serrures dudit grant coffre l'une après l'autre et les visiter ensemble et, ce fait, déposerent concordablement ce qui s'ensuit.

C'est assavoir que les deux premières serrures de devers l'uys dudit revestiaire avoient esté essayées à crocheter et, pour ce que icelles on n'avoit peu ouvrir à crochetz, elles avoient esté levées. Et quant aux deux autres, de l'autre costé l'une d'icelles, c'est assavoir celle que ledit Casin avoit levée en laquelle il avoit trouvé les gardes ployées et les dens du rateau soubzlevées, ilz dient que icelle serrure avoit esté essayée à crocheter. Et quant à la derreniere, ilz dient que les crampons d'icelle ont esté soubzlevez seulement et a esté ouverte par le soubzlevement et en a esté grevé le ressort et icelle derreniere a esté levée de sa place dès longtemps a et par le moyen des soubzlievemens desdiz crampons et crochetemens faictz esdites serrures ledit grant coffre a esté ouvert.

Item, et au regard dudit petit coffre qui estoit dedens ledit grant coffre ouquel a trois serrures, ilz le visiterent semblablement et adonc ledit Casin leur dist et relata que, dès samedi derrenier passé, par l'ordonnance et commandement des maistres qui avoient les clefs dudit petit coffre, il avoit levé la serrure du millieu pour ce qu'ilz ne la povoient ouvrir atout la clef, parce que le rouet d'embas du palastre estoit ouvert contre les dens du rateau et hors de sa place, et estoient les dens du rateau soubzlevées hault et bas et le rouet du solier estoit hors de sa place ouvert contre la gorge du ressort; et tout par force de crochettement que on avoit fait en la dite serrure, par le trou par lequel on doit bouter la clef. Et oultre, leur dist lors ledit Casin que, cedit jour de samedi, les deux autres serrures avoient aussi esté ouvertes avec la clef par les maistres de la dite faculté qui estoient presens. Oÿe laquelle relation dudit Casin, les dessuz nommez visiterent icelles trois serreures dudit petit coffre, lesquelles a ceste fin ilz leverent et par l'inspection d'icelle, dient qu'il leur est apparu que la serrure du bout devers l'uys a esté levée assez long temps a et, oultre, qu'elle avoit esté crochetée puis nagaires par ledit crochetement au rouet du fons. Et, au picolet et au pesle entre les deux dens, elle estoit fort rayée. Et, quant à l'autre serrure de l'autre bout, leur est apparu icelle avoir esté levée et rasise, et l'une des poinctes de l'ung des crampons en reboutant avoit fait trou nouveau par la force de la chasse que l'en luy avoit fait. Et si dient que les dites trois serrures dudit petit coffre, après ce qu'elles avoient esté ouvertes, crochetées et levées, pouvoient bien demourer ouvertes de fait et apparans estre fermées par ce qu'elles sont à tour et demy, par quoy la clef va tout autour de la garnison. Dient oultre plus, tous ensemble et concordablement, sur ce requis, que ceulx qui ont fait ce que dit est dessuz ne sont pas trop soubtilz en ce cas, et fault qu'ilz soient communicatifz et repairans sur le lieu et qu'ilz aient eu les clefz du revestiaire où lesditz coffres sont, pour ce qu'ilz n'eussent peu faire tout ce que dit est esdiz coffres sans avoir grant espace de temps. Et fault dire qu'ilz avoient ostilz pour ce faire comme marteaulx, ciseaulx, truquoises, et que, à leur semblant, ne peut avoir gueres plus de deux à trois mois que lesdites serrures ont été furtivement crochetées et levées comme dit est ; et plus n'en scevent, affermans par eulx icelles leurs deppositions estre vrayes.

(Signé : ) J. Dufour. J. Boivin.

(Archives nationales, fonds du collége de Navarre, carton M. 181.)

## VII

Débats en cour de Parlement au sujet de Regnier de Montigny, accusé de vol sacrilége et réclamé par l'évêque de Paris.

(24 août 1457)

Du mardi, xxiiii$^e$ jour d'aoust, l'an mil iiii$^c$ lvii, à huis cloz.

Sur ce que l'evesque de Paris a requis luy estre rendu comme clers, ung nommé Montigny et Jaquet le Grant, prisonniers ou Chastellet de Paris.

Barbin, pour le procureur du roy, dit que Montigny a enblé en l'église Saint-Jehan ung calice, a usé de crochetz, pour ses demerites maintesfoix a esté pris et rendu à l'evesque de Paris, ne s'est amendé pour quelque correction, par trois foiz a esté enprisonné en Chastellet et randu à l'evesque de Paris; aussi a esté prisonnier à Tours et à Rouen, est pipeur, *goliardus, et finaliter cecidit in profundum malorum*. Dit aussi que Jaquet le Grant est receptateur de pipeurs; plusieurs foix a esté pris et rendu à l'evesque de Paris, mais ne s'est voulu amender. Si conclut que ne seront renduz à l'evesque de Paris.

Luillier, pour l'evesque de Paris, dit que Montigny est clerc non marié en habit et tonsure, des cas qu'il a commis la cognoissance en appartient à l'evesque; s'il a esté pris plusieurs foix et est incorrigible, ne s'ensuit que ne soit rendu à l'evesque mesmement qu'il a fait son devoir toutes foix que lui a esté baillé. Touchant Jaquet le Grant, il est clerc marié, en habit et tonsure, s'il est receptateur, ce n'empesche qu'il ne soit rendu a l'evesque. Si requiert *ut prius*.

Appoincté est au Conseil, assavoir s'ilz seront ou non renduz à l'evesque de Paris et mettra le procureur du Roy, par devers la Court, les informations faictes en ceste partie.

(Archives nationales, X$^{2a}$. 28.)

## VIII

Lettres de rémission accordées par le roi Charles VII à Regnier de Montigny.

(Septembre 1457)

Charles, par la grace de Dieu roy de France, savoir faisons, à tous présens et avenir, nous avoir receu l'umble supplication des parens et amis charnelz de Regnier de Montigny, jeune filz de l'aage de XXVIII ans ou environ, à present prisonnier ou Chastellet de Paris contenant que ledict Regnier, prisonnier, fu filz de feu Jehan de Montigny, en son vivant nostre pennetier et esleu de nostre ville de Paris, lequel après l'entrée des Bourguignons, l'an IIII$^e$ XVIII, perdi tout le scien et se retray en nostre obeïssance en laquelle a demouré continuellement jusques à la recouvrance de nostre ville de Paris, lequel tantost après retourna en nostre dite ville de Paris et trouva ses meubles avoir esté perduz et ses heritaiges estre demourez en grant ruyne, lequel pour l'entretenement de son vivre et estat eust de grans affaires, et lequel fort desgarny de meubles, peu de temps après ala de vie à trespas, delaissiée Colette de Vaubolon, sa seconde femme, et ledit Regnier avec deux filles de sa premiere femme, mineurs et en bas aage de toutes choses despourveuz. Après le decez duquel, ledit Regnier, son filz, despourveu comme dit est, a hanté plusieurs compaignies de jeunes gens à cause desquelles a esté consentant de plusieurs malefices. Et mesmement fut et a esté consentant de la prinse de deux buretes d'argent, nagaires, prinses en l'église des Quinze-Vins, et faisoit le guet cependant que un de ses compaignons les prenoient, semblablement de la prinse de ung calice, nagaires prins en l'eglise Saint-Jehan-en-Greve avec unes petites heures; aussi d'avoir esté, en la compaignie d'un nommé Jehan le Sourt, en la ville de Poictiers, par devers ung marchant drappier, faingnant d'acheter du drap : auquel marchant, ils firent tant que ilz eurent pour vint escus de drap et vint escus en argent et, de ce, lui fut baillé une bougette ou boiste en laquelle ilz faingnoient mettre vint nobles, mais ilz lui entregetterent une autre bougette ou boiste où il n'y avoit rens dedans qui vauloist. Item, a ledit de Montigny en la compaignie d'aucuns compaignons joué à butin en ceste ville de Paris, en l'ostel de la Mouffle, au jeu de merelles où il a gaigné par piperie certaine somme d'argent dont il a eu sa part, qu'elle n'en est recors à present. Item, avec ce, à icelui jeu de merelles, en la compaignie d'aucuns compaignons, a joué ledit de Montigny aussi à butin où il y a eu gaigne de soixante et cinq escuz; desquels soixante et cinq escuz, il en a eu à sa part seize escus ou environ ; mais, de ce, il en a esté prisonnier et en a fait restitution de la moittié plus qu'il en avoit eu, c'est assavoir de xxxii escus ou environ et, avec ce, en a esté justice satifaicte et contentée. Pour raison desquelz cas et dont il est constitué prisonnier esdites prisons bien estroictement comme dit est, il a esté condempné à mourir par nostre prévost de Paris ou son lieutenant criminel dont il en a appelé en nostre court de parlement, et doubtent lesdis suppliantz que soubz umbre d'iceulx cas il feust en aventure de finir miserablement ses jours qui leur tourneroit à grant esclandre et deshonneur et grand danger de la personne de Jehanne de Montigny, damoiselle, sa seur, et du fruit estant entour elle, laquelle n'atend heure d'avoir enfent, qui pourroit à ceste cause estre en dangier se nostre grace et misericorde n'estoit sur ce impartie audit de Montigny, si comme dient lesditz

supplians dont la plus part sont gens d'estat et noz
officiers, requerans humblement que, ces choses con-
sederées, que ledit de Montigny de present se repent
desdiz cas par lui commis, a intencion de soy abste-
nir, bien gouverner à l'onneur de ses amis, d'ores en
avant, ainsi que ung enffent de bien yssu de notable
generation doit faire, et aussi lesdits suppliants le
retrairont et le garderont de mal faire de tout leur
povoir avec plaisir de Dieu ; considerez les services de
ses predecesseurs, la jeunesse et povreté, que contric-
tion et misericorde sont à preferer à rigueur de justice,
considéré aussi que se le dit de Montigny estoit executé,
sadite seur porroit estre en aventure de mourir, parquoy le fruit d'entour elle pourroit estre en dangier,
qui en ce cas mieux fault misericorde estre faicte
audit de Montigny que le fruit de sa dite seur estre
pery, et mesmement que esdiz cas n'y a mort ne mu-
tilacion, et sera d'ores en avant ledit de Montigny,
de bonne vie, renommée et honneste conversacion,
lequel de present se congnoist mieulx qu'il ne fist
oncques au moyen de la pugnition et question qu'il a
eu esdites prisons, qui en ce cas lui doit aucunement
redonder à moderacion de peine au regard des diz
cas par luy commis, lequel a ferme propos de jamais
y retorner, mais de perseverer en bien : nous, audit
de Montigny, en faveur de sadite seur et du fruit
qu'elle a entour elle et aussi de ses parens et amis,
supplians, luy vueillons impartir nostre grace et misericorde et son dit appel mettre au neant sans
amende, à ycelui de Montigny en cas dessusdit, avons
quitté, remis et pardonné les faiz et cas dessus diz,
avec toutes peines, amendes et offenses corporelles,
criminelles et civiles, en quoy pour occasion desdiz
cas et d'autres petiz moins cas d'esbatemens, s'aucuns
en y a, il pourroit estre encouru envers nous et justice et ledit appel mis au neant sans amende, et le res-
tituons et remettons en sa bonne fame et renommée, au

païs et à ses biens non confisquez, satifacion faicte civilement tant seulement, se faicte n'est, et sur ce imposons silence perpétuel à nostre procureur, si donnons en mandement à noz amez et feaulx conseillers les gens tenans ou qui tendront nostre parlement à Paris, et à nostre prevost de Paris ou son lieutenant, que de noz presentes grace, pardon, quittance et remission facent, seuffrent et laissent ledit de Montigny joyr et user plainement et paisiblement, sans lui faire ne souffrir estre faict en corps ne en biens aucun destourbier ou empeschement, ainçois sondit corps prisonnier comme dit est, et sesdiz biens, se pour ce estoient empeschez, lui mettent ou facent mettre sans délai à plaine delivrance; et, afin que ce soit ferme chose et estable à tous jours, nous avons faict mettre notre seel à ces presentes, sauf en autre chose nostre droit et l'autruy, pourveu que ledit Regnier de Montigny tendra estroite prison basse par l'espace d'un an entier au pain et à l'eaue, et après l'an incontinent finy, fera ung pelerinage en sa personne à Saint-Jaques en Galice, et en rapportera certificacion du maistre de l'eglise dudit lieu de Saint-Jaques. Donné à Paris ou mois de septembre, l'an de grace M. CCCC. cinquante sept et de nostre regne le XXXV$^e$. Ainsi signé : par le conseil, TARENNE. *Visa contentor.* VALENGELIER.

(Archives nationales, JJ. 189, pièce 199, f° 96 v°.)

## IX

Plaidoiries, en cour de Parlement, au sujet de la demande d'entérinement des lettres de rémission accordées à Regnier de Montigny.

(10 Septembre 1457.)

Du samedi à huis clos, x$^e$. jour de septembre iiii$^c$ lvii, en la grant chambre.

Sur l'enterinement requis par Jaquet le Grant et Renier de Montigny de certaines lettres de remission par eulx obtenues pour les cas contenuz en icelles.

Simon, pour le procureur du roy, dit touchant primo Jaquet le Grant que sa remission est subreptice, car ne specifie ne declere la quantité de faulx agneaux par luy faiz.....

Du lundy, xii$^e$ jour de septembre l'an mil iiii$^c$ lvii à huis cloz en la grant chambre. Sur l'enterinement requis par Renier de Montigny de certaines lettres de remission par luy obtenues du Roy nostre sire,

Simon, pour le procureur du roy, dit que sa remission est sureptice, car n'a donné à entendre que le procès ait esté pendent ceans sur sa requisitoire et que ait esté dit que ne joyroit de clericature; n'a aussi donné à entendre les variations et denegacions faictes par devant le prevost de Paris et combien que ait esté convaincu par témoings, n'a volu riens confesser que jusques par interlocutoire ait esté mis à question; aussi n'a donné entendre avoir eu lettres de pardon pour meurtre commis en la personne de Thevenin Pensete en l'ostel de Moton, ou cimetiere Saint-

Jehan-en-Greve, et pour les piperies par luy comises
a esté plusieurs foix enprisonné. Par sa confession
appert que luy et Jehan de Launoy se transporterent
à Saint-Jehan; que Launoy crocheta l'aumoire où
estoit le calice, mais que paravant y avoient crochetez
deux ou trois coffres, mesmement l'aumoire de l'eure,
ce que n'a donné entendre; aussy n'a donné entendre
que en crochetant ung des coffres trouverent ung
calice que n'enporterent pour ce qu'il estoit de leton,
ne qu'ilz ont pris par crochetement les buretes aux
XV$^{ix}$. Par sa remission on ne luy remect pas seulement
les cas par luy specifiez, mais autres cas de menuz
esbatemens, ainsi y a autres cas qu'il n'exprime que
par avanture, se trouveraient grans par justice s'ilz
estoient exprimez; aussy n'a donné entendre l'arrest
de ceans qui a [esté] donné le jour mesme que la remission a esté donnée. La remission est incivile et desraisonnable *ex tenore ipsius*, car telles lettres se
doivent donner en exprimant les cas, or la remission
n'est seulement donnée pour les cas specifiez, mais
pour autres cas de menuz esbatemens qui est chose
incivile; aussy y a continuation et perseveration. Mais
par les ordonnances, se par autre juge la sentence eust
esté donnée et il eust procedé non obstant l'appel, la
chose eust esté bien fete, mais le prevost de Paris qui
est pres de la court a bien accoustumé de surseoir.
Ainsi le roy Jehan le subjuga de ne povoir donner
remission en crime de lese majesté, de murtre fait,
de guet appensée et de sauvegarde enfrainte. N'a veu
par registre de ceans, ne par anciens, donner remission après unz arrest, aussy seroit grand esclande; mais
la chancellerie qui est pres de ceans y devoit venir
savoir se le cas estoit tel qu'on le donnoit entendre,
mais seroit retracté deux arrestz que obtempereroit à
la remission, et s'elle est incivile et desraisonnable aux
derrenières lettres ne sera obtempere. Si conclud que
ne sera obtemperé à la remission ne aux autres lettres.

Popaincourt dit que la remission et l'arrest furent donnez en ung jour, mais la remission fut donnée paravant. Par ce ont esté obtenues les autres lettres pour proceder à l'enterinement de la remission, mais n'a esté parlé à Montigny depuis emprisonnement. Or, les surreptions que allegue le procureur du Roy se pregnent sur sa confession; par ce, s'il plaist à la court parlera à luy, *sin auten* est prest defendre, mais requiert luy estre reservé de parler à une autres fois et le joindre.

Simon, pour le procureur du roy: que n'est raison de parler à Montigny, de delayer la matiere, car n'a autre chose dit que ne scet contenu ou procès, fors seulement que Montigny fut emprisonné à Bourdeaulx. Sur ce a esté deliberé et appointé que on ne parle point à Montigny et que promptement sera defendu et ce a esté dit aux parties.

Ce fait, Popaincourt, pour les parens de Montigny, dit que Montigny fut né à Bourges, estoit fils de Jehan de Montigny qui, l'an iiii$^c$ xviii, à l'entrée des Bourgonguons à Paris, fut pillé, s'en alla demorer en l'obéissance du Roy et, jusques la reduction de Paris qu'il s'y en retorna, trouva ses meubles perdus et ses heritaiges en ruyne. Po de temps après se remaria. Des deux mariages, a eu des enfans. Les filles ont eu pour leur mariage partie de l'eritaige. Par ce Montigny s'est trouvé fort despoillié, a suy jeunes gens par lesquelx s'est gouverné autrement que à point. A esté trouvé chargé du calice et des buretes qui ne montent pas xxiiii escuz, par ce a esté enprisonné ou Chastellet. Son procès a esté fait. S'est tiré vers le roy qui luy a donné sa grace après que luy a donné à entendre son cas : la remission est causée sur la pouvreté de Montigny, sur la faveur et pitié de ses parens qui ont grandement servi le roy, aussy sur la faveur d'une de ses sœurs preste à acocher et d'une autre preste à marier. Le cas commis par Montigny chet en restablissement que d......e *de gravitate criminis*; pour tel cas *non dimittetur* [1] *aliquis promovendus*. N'y a partie, ainsi juste a esté donnée la remission. La chancellerie a eu matiere de ce faire, car la remission *non concomittitur instanciam*. Aussy Montigny a esté bien puny, car, longtemps a esté emprisonné, a soffert de grans infames, mais par la remission luy est encharge estre ung an au pain et eane. Ne fault avoir regart s'il y a appellation ou non, ou s'elle est ou non vuidée par ce que la rémission ne touche en riens l'instance. Montigny a donné à entendre qu'il estoit jugé, ainsi n'estoit besoing donner entendre se rien instance. S'il a dejeré ne sert riens à propos, mais ne scet point s'il a fait ainsi que le procureur du roy le baptise. Il a donné entendre le malefice, la sentence et qu'elle estoit suspendue par appel, mais n'a peu donner entendre l'arrest comme venu *ex post facto*; pour ce, *ad majorem cautelam*, a obtenues autres lettres sur ce, dont requiert l'enterinement; ne failloit qu'il donnast à entendre la lettre de pardon pour ce que a dit, aussy ne lui estoit besoing l'obtenir, car n'avait donné............ *rei*, mais l'a prise par ce que en pais coustumier on a acoustumé ce faire. N'estoit besoing donné entendre que plusieurs foix avoit esté enprisonné, car a esté delivré et ne sera trouvé qu'il ait autre chose confessé ne qu'il ait esté mis en procès. N'estoit besoing donné entendre la forme de faire, autrement la remission eust esté sureptice, car n'en savoit riens par ce qu'esto[it] absent et faisoit le guet. Ne scet riens se Montigny et Launoy crocheterent ung autre coffre et controuverent ung calice; mais, quant Montigny l'eust exprimé en sa remission, ce n'eust desmeu la chancellerie luy octroyer sa remission en laquelle n'y a aucune orreption, parce que dit n'est incivile la remission, car Montigny a donné

---

1. Le registre donne *dimittentur*.

entendre qu'il estoit condempné, mais il n'a esté condempné par les choses que baptise le procureur du roy, pour usage et arrest toutesfois que ung comuneux appelle *super sedendum est*. L'ordonnance que propose le procureur du roy fait contre luy, car le mot *excusabitur* porte congnoissance de cause et fault que le juge soit oÿ en sa cause d'excusation, mais ne sert riens au cas present. Les cas que le roy a reservez sont les cas où ne puet avoir satisfaction desquelx ne sont les cas dont est question, *nec extenditur ad majora* la généralité contenue en la remission. Si conclut à l'enterinement de ses lettres en implorant la misericorde de la court.

Simon, pour le procureur du roy, dit que la remission ne sera enterinée par ce que a dit, et, à ce que Montigny faisoit le guet, et par ce ne povoit scavoir le crochetement, dit que ung sergent ala en l'ostel de Launoy, y trouva les crochetz et les apporta au prevost de Paris qui le monstra à Montigny, qui confessa que s'estoient les crochetz dont Launoy avoit crocheté aux XV[xx] et à Saint-Jehan en Greve, ce que n'a exprimé en sa remission. Si conclut *ut prius*.

Appoincté est au Conseil.

(Archives nationales, X[2a]. 28.)

X

Interrogatoire de maitre Guy Tabarie, par devant l'official de Paris.

(22 juillet 1458.)

Universis presentes litteras inspecturis, officialis commissarius specialis reverendi in Christo patris et domini, domini Guillermi, miseracione [divina] episcopi Parisiensis, super excessibus criminibus et delictis commissis et committendis in villa, civitate et diocesi Parisiensi et alibi undecumque crimina claruerint, dum tamen delinquentes seu excedentes hujusmodi possint in dictis villa, civitate et diocesi personaliter apprehendi, puniendis, corrigendis et in melius refformandis, ab eodem reverendo in Christo patre specialiter deputatus, salutem in domino. Notum facimus quod nos, ad instanciam et requestam venerabilis facultatis theologiæ in alma matre universitate Parisiensi, a regestris incarceratorum curie nostre Parisiensis, extrahi fecimus regestrum quod sequitur :

Magister Guido Tabary, clericus, adductus de Castelleto Parisiensi, anno Domini millesimo quadringentesimo quinquagesimo octavo, die XXVI junii ultimate lapsa, ubi detinebatur propter hoc quod sibi imponitur quod ipse et sui complices furati fuerunt et male ceperunt, in collegio et vestiario cappelle collegii Navarre Parisiensis, quingenta scuta auri eidem facultati spectancia. Die vero Mercurii quinta mensis julii, dictus clericus super hoc juratus, tactis per eum sacris ewangeliis, dicere et confiteri veritatem sponte confessus fuit, et recognovit quod verum est, quod fuit unus annus circa festum Nativitatis Domini ultimate lapsum, quod quadam die ipse obviavit magistro Francisco Villon, Colino des Cahyeux quem nunquam viderat ut dicit, nisi semel quod ipsum viderat cum dicto magistro Francisco, qui ipsum loquentem oneravit de emendo preparatum ad cenandum pro ipsis in taberna ad intersignum Mule ante Sanctum Mathurinum [1], quod et fecit ipse loquens. Et simul ibidem, cenaverunt et cum ipsis quidam monachus nuncupatus dompnus Nicolaus, de partibus Picardie, et quidam nuncupatus Petit-Jehan, quem ipse loquens non

---

1. La maison de la Mule était située, en effet, dans la rue Saint-Jacques, en face le couvent des Mathurins ; voyez le petit plan joint à ce volume.

novit. Et dicit quod, post cenam, prenominati magister Franciscus, Colinus des Cahyeus, dompnus Nicholaus ipsum loquentem adjuraverunt nichil dicere de hiis que videret et audiret, et quod ipse cum eis iret, sine aliud tunc sibi declarando. Et hoc facto ipsi simul iverunt in domo in qua morari solebat magister Robertus de Saint-Symon, in qua ipsi omnes unus post alium intraverunt per supra unum parvum murum et, ipsis in eadem existentibus, prenominati se spoliaverunt in suis gipponibus, et iverunt versus dictum collegium Navarre in quo ipsi intraverunt per supra unum magnum murum respondentem in curte dicti collegii cum adjutorio cujusdam ratelarii quem ipsi, in dicta domo in qua se spoliaverunt, ceperant. Ipse vero loquens non intravit dictum collegium, sed stetit et mansit in eadem domo usque ad eorum regressum. Et dicit quod quando ipsi dictum collegium intraverunt erat decima hora de nocte vel cocirca et quando redierunt erat quasi duodecima, et ipsi loquenti dixerunt quod ipsi lucrati fuerunt centum scuta auri et sibi monstraverunt unum parvum sacum de grossa tela in quo erat aurum, sed nescit quantum, sibi dicendo quod si ipse aliquid diceret quod ipsi eum occiderent; et ut hoc secretius teneret sibi dederunt decem scuta auri que ipse loquens cepit et retinuit. Residuum vero inter se butinaverunt et ipsum loquentem recedere fecerunt, ipsumque conduxerunt et sibi dixerunt quod erant duo scuta bona que essent pro prandendo in crastinum. Dixit tamen quod postmodum audivit quod majorem summam inter se butinaverunt. Et dicit quod, quadam die sequenti, ipse prenominatus dixit quod ipsi majorem summam habuerant quam sibi declaraverunt; qui responderunt quod ipse verum dicebat, et quod quilibet eorum habuerat centam scuta. Interrogatus ubi dictas peccunias ceperunt, dicit quod nescit nisi in dicto collegio, sed in quo loco dixit quod nescit, nec etiam scire dicere. Super hoc interrogatus, si seras levaverunt aut cum crochetis aperuerunt, nec ab eis aliquid audivit, nec eis vidit aliquos crochetos, dicit tamen quod ipse audivit quod dictus des Cahyeus est fortis operator crochetorum, se[d] dictus Petit-Jehan, ejus socius, est forcius operator, quamvis, ut dicit, ipse nunquam scivit quod ipsi aliquod aliud furtum commisserint quam supradictum. Item, interrogatus super furto per ipsum et suos complices perpetrato in monasterio Augustinensium Parisiensium, in camera alicujus religiosorum ejusdem, dicit quod nichil scit nec fuit in dicto furto. Ymo dicit quod, tempore dicti furti commissi, ipse prisionarius detentus erat mancipatus in carceribus nostris, propter hoc quod ipse et Casinus Cholet sese verberaverant. Interrogatus se ipse umquam verbum habuerit cum domino Petro Marchant super dicto furto faciendo, dicit quod non, et se reffert eidem. Interrogatus numquid ipse alias dicto domino dixit quod peccunie fratris Guillelmi Coiffier ipsum posuerunt extra carceres nostros, dicit quod non. Interrogatus numquid ipse audivit dici a dictis suis sociis et ipse etiam dixit quod ipsi deffecerant deppredare ecclesiam Sancti Mathurini, et quod canes ipsos accusaverant, dicit quod non. Interrogatus numquid ipse dixit quod magister Franciscus Villon iverat Andegavis ad videndum quendam hominem ecclesiasticum qui ditissimus erat et, secundum hoc quod refferret, ipsi socii illuc adirent ad ipsum depredandum, dicit quod non. Interrogatus se dictum collegium Navarre intraverunt per alium modum quam supra declaravit, dicit quod non. Interrogatus numquid ipse cum ipsis fuit et intravit, dicit quod non, sed solum cum ipsis ivit usque ad domum magistri Roberti de Saint-Symon et ipsos, ibidem, expectavit. Interrogatus per quem modum ipsi apperuerunt seras vestiarii cappelle dicti collegii, dicit quod nescit, quia ipse non fuit presens. Interrogatus a quo tempore ipse prenominatos novit, dicit quod a longe tempore ipse novit dictum magistrum Franciscum Villon, sed nunquam tunc viderat dictum Petit-Jehan, dictum vero des Cahyeux alias viderat cum eodem magistro Francisco. Interrogatus numquid ipse bene scivit latrocinium commissum in [monasterio] Augustinensium, dicit quod non et dicit quod tunc detentus erat prisionarius in carceribus nostris. Interrogatus numquid ipse fuit expeditus de peccuniis provenientibus de dicto furto, fatetur quod dictus des Cahyeux sibi dixit quod ipse Parvo Theobaldo tradiderat quatuor scuta pro ipsius expedicione et postmodum audivi dici quod idem Parvus Theobaldus erat suspicatus de dicto furto ; nec aliud in sui prejudicium voluit confiteri, propter quod fuit remissus in carcerem suum, presentibus magistris Guillelmo Sohyer, Johanne Rebours, Dyonisio Commitis, Francisco de Vacaria, Johanne Laurencii, et Johanne le Fourbeur et me notario subscripto. Die Veneris, septima dicti mensis Julii, dictus magister Guido, iterum mandatus in loco questionis dicte curie, et juratus ad sancta Dei ewangelia dicere et confiteri veritatem, ac super hoc caritative monitus ut veritatem declarere vellet de modo depredacionis dicti collegii Navarre, ut eciam sibi facilius per dictum reverendum in Christo patrem gracia impartiretur, interrogatus a quo tempore novit dominum Petrum Marchant, priorem curatem de Paraiz, Carnotensis diocesis, dicit quod ipse nunquam eum vidit. Interrogatus si umquam cum ipso potaverit in taberna ad intersignum Cathedre in Parvo Ponte, dicit quod non. Interrogatus si umquam cum eodem verbum habuerit de sibi monstrando et exhibendo aliquos crochetos, dicit quod non, se refferens eidem. Postea confessus fuit quod quidam, qui se dicebat religiosum sancti Augustini, ab ipso loquente peciit se ipse sciret sibi facere habere aliquos crochetos et quod ipse bene inveniret modum depredandi cameram magistri Roberti de Porta, cui ipse loquens respondit quod ipse sciebat unum valde expertum ad faciendum dictos crochetos, et sibi nominavit Parvum Theobaldum. Et tunc, eidem loquenti, lecta fuit deposicio ejusdem domini Petri, alias super hiis per honestum virum magistrum Johannem du Four, commissarium ex parte domini nostri regis in Castelleto Parisiensi deputatum, examinati, tenorem qui sequitur continens :

Venerable et discrete personne messire Pierre Marchant, prestre, prieur curé de Paraiz, ou diocese de Chartres, demourant oudit lieu, et de present estant logié à Paris en l'ostel des Trois Chandelliers en la rue de la Huchette, aagié de quarante ans ou environ, si comme il dit, tesmoing juré, oy et examiné à Paris par moy examinateur dessus nommé, le mardi xvii$^e$ jour de may, mil iiii$^c$ lvii, dit et depose par serment que le samedi devant *Quasi modo* derrenier passé, ledit depposant arriva en ceste ville et le dimenche ou lundi ensuivant ledit deposant desjuna en la taverne de la Chayere, à Petit Pont, avecques ung nommé maistre Guy, ne scet son seurnom, et ung qui ce disoit prestre, duquel ledit deposant ne scet le nom. Et, eulx estans ouquel lieu, ledit maistre Guy ce print à demander audit deposant des nouvelles et de ces adventures, et adonc icelluy maistre Guy ce print à compter de ces adventures et à dire audit deposant qu'il avoit esté long temps prisonnier es prisons de monseigneur l'evesque de Paris, et que on lui avoit imposé et mis sus qu'il estoit crocheteur. Et adonc, ledit deposant, oyant ce que dit est, saichant que puis nagaires on avoit desrobé v ou vi$^e$ escus d'or en la chambre de frere Guillaume Coiffier, religieux des Augustins à Paris, à ceste cause print à interroguer ledit maistre Guy sur le fait desdiz crochetz et de la maniere d'en ouvrer, pour sentir s'il porroit aucune chose savoir

de la larrecin faicte en la chambre dudit Coiffier. Et à ceste cause ledit deposant ce print à faindre qu'il vouloit bien estre de ces complices pour avoir de l'argent et pour partir au butin de........................
........................[1] dont ledit maistre Guy ce print à declarer la magniere des crochetz en disant qu'il en avoit eu plusieurs, desquelz lui et ses compagnons avoient ouvert plusieurs serrurez, et qu'il n'estoit si forte serrure qu'ilz ne ouvrissent. Et adonc, ledit deposant demanda à veoir lesdiz crochetz, et ledit maistre Guy lui promist de lui en monstrer en lui disant oultre que, puis peu de temps en ça, il en avoit eu en sa possession, lesquelz il avoit gettez en Saine pour doubte que on ne les trouvast sur lui, en disant oultre que ung orfevre nommé Thibault estoit ouvrier de faire telz crochetz et qu'il en faisoit de diverses sortes et de plusieurs façons et que aussy il ce mesloit de fondre l'or et la vaisselle d'argent quant ilz en avoient, affin que on ne congneust ou appa[r]ceust leur fait. Dit oultre, lui qui depose, que le landemain il trouva ledit maistre Guy, lequel il mena boire à la Pomme-de-Pin, en la rue de la Juifrie, pour tousjours savoir de son secret, en faignant qu'il vouloit participer avecques lui et ces complices. Et cedit jour, ledit maistre Guy mena ledit deposant en l'eglise Notre Dame de Paris, auquel lieu il lui monstra quatre ou cinq jeunes compaignons qui tenoient franchise en ladite eglise, lesquelz c'estoient nouvellement eschappez hors des prisons de la court de monseigneur l'evesque de Paris, et entre lesquelz compaignons ledit maistre Guy en monstra audit deposant ung qui estoit petit homme et jeune de xxvi ans ou environ, lequel avoit long cheveux par derriere et lui dist que c'estoit le plus soutil de toute la compaignie et le plus habille à

---

1. Il manque ici une huitaine de mots environ, par suite de l'état d'usure d'un pli de la pièce.

crocheter, et que riens ne lui estoit impossible en tel cas. Et, ce fait, icellui maistre Guy s'adreça ausdiz compaignons ausquelz il parla et monstra ledit deposant en leur disant qu'il vouloit estre de leur sorte et de leurs complices, et à ceste cause iceulx compaignons firent bonne chiere audit deposant, et le recuillerent de beau langaige en termez generaulx, sens riens specifier de leur entreprise ne de ce qu'ilz avoient mesfait ou temps passé; et tantost après ce, ledit maistre Guy et ledit deposant ce despartirent d'ilec et c'en yssirent hors de ladicte eglise. Et, puis ce, ledit maistre Guy recita audit deposant aucunes entreprinsez particulieres que lui et ces complices avoient entencion de faire si tost qu'il porroient yssir hors de la franchise de ladicte eglise, et entre aultres choses, il lui dist que ledit Thibault devoit faire des crochetz tous propres pour crocheter la chambre et les coffres de maistre Robert de la Porte qui estoit lors absent et hors de Paris, et qu'ilz n'atendoient que la venue de ung religieux des Augustins qui est cousin dudit Thibault, lequel leur avoit promis les retraire et recepter en sa chambre oudit hostel des Augustins, auquel lieu il leur devoit livrer des habiz toustz prestz pour eulx desguiser et dissimuler en habit de religieux pour plus facilement parfaire leur entreprise, et que, ce pendent, ledit Thibault, devoit faire et livrer lesdiz crochez. Et, oultre, ledit maistre Guy dist audit deposant que gaires n'avoit qu'il avoit esté mis hors des prisons de monseigneur l'evesque de Paris et que l'argent de frere Guillaume Coiffier l'en avoit delivré. Et adonc, ledit deposant se print à interroguer ledit maistre Guy sur le fait dudit larrecin, lequel maistre Guy lui dist que puis nagaires ledit Coiffier avoit esté desbourcé de v ou vi$^c$ escus et qu'il en avoit eu pour sa part environ viii escus, lesquelz ledit Thibault lui avoit apportez es prisons de la court de l'evesque de Paris pour paier le geaulier en disant, oultre, par ledit

maistre Guy, que c'estoit peu de chose et que lui et
ces compaignons avoient entencion d'en avoir mieulx.
Et, encore, ledit maistre dist audit deposant que, puis
peu de temps en ça, lui et ces complices avoient esté
au colliege de Navarre à ung coffre ou quel ils avoient
prins v ou vi$^c$ escus, et que l'ung d'eulx les avoit destournez et empeschez de crocheter unes aulmoires
qui estoient oudit lieu de Navarre pres dudit coffre,
lesquelles aulmoires avoit bien plus grant chevance
comme iiii ou v$^M$ escus, et disoit ledit maistre Guy que
les autres compaignons maudisoient leur compaignon
qui les avoit destournez de crocheter lesdictes aulmoires. Disoit encores ledit maistre Guy que lui et
ces complices avoient failli à desrober l'eglise de Saint-
Mathurin de Paris et que les chiens les avoient accusez, et que, depuis ce, ilz avoient esté destrousser ledit
frere Guillaume Coiffier, et que il avoit esté desrobé
en plain jour, et que, pour ce faire, ung desdiz com-
plicez dudit furt avoit ce pendent mené ledit Coiffier
celebrer et dire messe pour lui en l'eglise Saint-Ma-
thurin à Paris, et que ce pendent les aultres avoient
ouvert la chambre dudit frere Guillaume Coiffier et
avoient prins en icelle ung petit coffret dedens lequel
avoit v ou vi$^c$ escus, et si avoient emporté de la vaisselle d'argent. Dit oultre, lui qui depose, que ledit
Tabary, à ung autre jour après ensuivant, lui ad-
mena ung de ces compaignons, lequel estoit ung jeune
compaignon de l'aage de xxviii à xxx ans ou environ,
lequel estoit petit homme bien habile et avoit barbe
noire et estoit vestu court et ce faisoit appeler maistre
Jehan, — ne scet son surnom, — avecques lequel ledit
deposant parla. Et eulx deux disrent audit deposant
qu'il ce trouvast à Saint-Germain-des-Prez à ung jour
de lundi, qui fu lundi derrenier passé, comme il lui
semble, pour conclurre entre eulx d'aucune entreprinse qu'ilz devoient faire, et que ledit Thibault
y seroit qui apporteroit des crochetz. Lequel depo-

sant leur promist de y comparoir ; toute voyes il n'y. fut point. Et, pour ce, le dit maistre Guy, cedit jour. de lundy, c'en vint devers ledit deposant qui estoit en son hostellerie, auquel il demanda pour quoy il n'avoit comparu avec eulx audit lieu de Saint-Germain, lequel deposant ce excusa disant que il avoit esté occupé ailleurs. Et adonc, icelui deposant fist dejuner ledit maistre Guy, lequel luy dist lors que lui et ledit maistre Jehan avoient esté ensemble audit lieu de Saint-Germain, et que ledist Thibault y estoit venu, lequel y avoit apporté des crochetz pour en monstrer audit deposant, auquel deposant ledit maistre Guy dist que, touchant l'entreprinse faicte sur maistre Robert de la Porte, elle avoit ung peu esté esvantée, par quoy il failloit encores differer jusques à une aultre foys. Oultre, ledit maistre Guy dist audit deposant que ilz avoient ung aultre complice nommé maistre Françoys Villon, lequel estoit allé à Angiers en une abbaye en laquel[le] il avoit ung sien oncle qui estoit religieulx en ladite abbaye, et qu'il y estoit alé pour savoir l'estat d'ung ancien religieulx dudit lieu, lequel estoit renommé d'estre riche de v ou vi$^c$ escus et que, lui retourné, selon ce qu'il rapporteroit par de ça aux autres compaignons, ilz yroient tous par delà pour le desbourser, et que, à quelque matin, ilz auroient tout le sien nettement. De rechef, iceluy maistre Guy dist audit deposant que le dit maistre Jehan estoit habile à faire crochetz comme ledit Thibault, et qu'ils devoient quelque jour apprester toute leur artillerie pour destrousser quelque homme, et qu'ilz n'attendoient autre chose qu'ilz peussent trouver quelque bon plant pour frapper dessus. Et plus n'en scet.

Qua per ipsum audita, super hoc interrogatus, sponte confessus fuit eandem continere veritatem. Interrogatus per quem modum fuerunt aperte sere in collegio Navarre, qui, post plures vaccationes, confessus fuit audivisse a magistro Francisco Villon que apperte fuerunt cum crochetis. Interrogatus numquid ipse cum aliis presens fuit, dicit quod non, sed stetit in dicta domo magistri Roberti de Saint-Symon custodiendo tunicas eorum. Interrogatus quantum ipse habuit pro parte sua dixit quod ipse non habuit nisi decem scuta. Et dicit quod dictus Franciscus et alii sibi dixerunt quod quia ipse presens non fuerat in furto, quod tantum habere non debebat sicut ipsi qui furtum fecerunt. Et quia nichil aliud confiteri volebat, ex astancium deliberacione, fuit exutus et in culcitra picta cum parvo tretello positus, in quo nichil confiteri voluit. Deinde, applicato magno tretello, interrogatus numquid bene scivit furtum commissum in sacello Augustino, in camera fratris Guillelmi Coiffier, et numquid scivit per antea, fatetur quod scit et hoc sibi dixit Parvus Theobaldus, sed dicit quod ipse non fuit presens quia detentus erat intus, et pro parte sua habuit quatuor scuta de quibus solutus fuit; geaularius pro expeditione sua fuit satisfactus. Requisivitque de dictis amoveri tormentis, promittens omnem veritatem confiteri, qui, descensus et extra positus, eadem sponte recognovit et confessus fuit. Confitetur insuper audivisse a dicto magistro Francisco Villon quod ipsi in dicto collegio Navarre intraverunt et ceperunt unum alium sacum in quo erat major summa et quod quilibet eorum habuerat quatuor viginti scuta vetera, sed dicit quod sibi non exhibuerunt; nec aliud confiteri voluit. Et sic fuit remissus in suum carcerem, presentibus venerabilibus viris magnis magistris Stephano de Montigny, Roberto Tuleu, decretorum doctoribus, Symone Chappitault, Dyonisio Commitis, Francisco Ferrebouc, Francisco de Vacaria, in jure canonico licenciatis, cum pluribus aliis. In cujus rei testimonium, sigillum curie nostre Parisiensis presentibus litteris, unacum signeto nostro, duximus apponendum. Datum die vicesima secunda mensis julii, anno Domini millesimo quadringentesimo quinquagesimo octavo.

(Signé :) Truisy.

(Original scellé sur double queue de parchemin portant encore les traces du sceau de l'officialité de Paris et du signet de l'official. Cette pièce est conservée dans le carton M. 181 des Archives nationales, fonds du collége de Navarre.).

## XI

Débats, en la cour de Parlement, entre l'évêque de Senlis et celui de Beauvais, au sujet de Colin de Cayeux.

(23 septembre 1460.)

Du mercredi, xxiii[e] jour de septembre [mil iiii[c] lx], en la chambre de Parlement, icellui vacant.

Entre les evesques de Senliz et de Beauvaiz, requerant estre rendu à ung chascun d'eulx, comme son clerc, Colin de Cayeu, à present prisonnier en la Consiergerie, d'une part, et le procureur général du roy disant au contraire, d'autre part.

Lamote, pour l'evesque de Senliz, dit que Colin [de] Cayeu est clerc non maryé et a esté pris en ses prisons; pour ce requiert lui estre rendu.

Viant, pour l'evesque de Beauvaiz, dit que le prisonnier est clerc et a esté pris en son diocese, en l'eglise de Saint-Leu-de-Serens; pour ce, requiert lui estre rendu.

Barbin, pour le procureur du Roy, dit que le prisonnier est larron, crocheteur, pilleur et sacrilege; est incorrigible, maintes fois a esté rendu à l'eglise, mesmement fut rendu à l'evesque de Paris, le mardi ixe jour de fevrier iiiic l, qui depuis l'a delivré. Aussi fut pris le jeudi, xiiiie jour de septembre iiiic lii, pour piperie et rendu *iterum* à l'evesque de Paris qui l'a delivré. Après fut pris l'an iiiic lvi, par le guet de Chastellet, et lors fut delivré sans estre rendu à l'evesque de Paris; mais autresfois a esté pris au diocese de Baieux et rendu à l'evesque de Bayeux des prisons duquel il s'est eschapé. Aussi a esté pris et rendu à l'arcevesque de Rouen, les prisons duquel il a crochetées et s'en est eschapé. Dit que lui, avec autres, a crocheté ou college de Navarre de ceste ville certain tresor qui estoit dedans la chappelle, aussi es Augustins d'icelle ville a crocheté et a emporté d'un augustin v ou vic escus avec certaine vaisselle d'argent. Dit qu'il est fort chargé de plusieurs piperies et de plusieurs esteves. Est *gaillardus*, car frequente tavernes et bordeaux; dit que *privilegium clericale* e[s]t doné à ceulx qui servent à l'eglise et *favore* [du] divin service; or le prisonnier est fils d'un sarrurier. Dit que après que le prevost de Senliz oy dire que le prisonnier estoit en l'eglise de Serens, il y ala, lui dist qu'il failloit qu'il s'en alast avec luy, qui en fut content; mais qu'il fut rendu à l'evesque de Senliz. Pour ce, le prevost le mena à Senliz et le bailla à l'evesque en garde et en depost, de par le roy. Mais quant le prevost l'auroit baillé, autrement n'a puissance de ce faire; et possé que le prisonnier ait esté pris ou diocese de l'evesque de Beauvaiz, ne s'ensuit que lui soit rendu, car il a esté pris *coignitus de delictis* qui sont esté faiz, *saltem* la plus part, en ceste ville de Paris. Si conclud qu'il ne sera rendu à l'un ny à l'autre desdiz evesques.

Lamote, pour l'evesque de Senliz, dit que le prisonnier est clerc *in habitu et tonsura*; a esté pris en ses prisons, lui a esté rendu come son subjetz et lui a fait son procès. Par chose que le procureur du roy a dit, n'y a cas privilegié dont il doye perdre la congnoissance de son clerc. Ne scet rien des cas qui ont esté proposez. Si conclut *ut supra* et emploie l'office de la court.

Viant, pour l'evesque de Beauvaiz, employe sa requeste et persevere en icelle.

Barbin, pour le procureur du Roy, dit que le prisonnier est cheu *in profundum malorum* et est incorrigible; pour ce ne puet joir de privilege de clerc. Quelquez procès qu'ait fait l'evesquez de Senliz; n'y sera foy adjoustée. Mais quant ainsi seroit le prevost de Senliz n'avoit puissance de ce faire. Et conclut *ut supra*, et employe le procès fait contre le prisonnier. Appoincté est à mettre par les parties devers les presidents, ce que bon leur semblera et au Conseil.

(Archives nationales, X$^{2a}$, 28.)

## XII

Extraits d'un ancien inventaire des titres de la communauté de Saint-Benoît-le-Bétourné [1]. Ces extraits se rapportent à la maison que maître Guillaume de Villon habitait au cloître de Saint-Benoît.

(1433-1468.)

Cloistre, layette signée A.

De l'ostel de maistre Guillaume de Vyllon, dit la Porte-Rouge .....

Et est asçavoir que le dimenche xii$^e$ jour de juing

---

1. Cet inventaire a été commencé en l'année 1467, comme l'indique son titre : « *Cartulaire de la communauté de Saint-Benoît, fait l'an mil 467* ». Il est presque entièrement de la main de Jean le Duc, l'un des collègues de maître Guillaume, et le propre beau-père du barbier Jean Flastrier, neveu de ce vénérable ecclésiastique.

mil iiii<sup>c</sup> xxxiii, ledit hostel de la Porte-Rouge fust baillé et transporté par ladite communauté à maistre Guillaume de Willon, chappelain de ladite eglise, pour luy [et] ses hoirs, à tousjours, pour le priz et somme de huit livres parisis de rente, paiables à ladite communauté chacun an, etc., avec x deniers parisis de fons de terre, lequel luy est demeuré jusques à son trespas.

Item, unes lettres de transport et delivrance faicte à ladite communauté, dudit hostel, sous le scel de la prevosté de Paris, par messire Jehan le Duc, presbtre beneficié audit Saint Benoist et Jehan Flastrier, barbier, executeurs du testament dudit de Willon, l'an mil iiii<sup>c</sup> lxviii, le mardy xxiii<sup>e</sup> jour d'aoust, aux condicions et selon le contenu desdites lettres. Signées Pinot et Combes. Et y a deux trous au milleu de ladite lettre.

Item, unes lettres faictes et passées doubles soubz le scel de la prevosté de Paris, le samedi v<sup>e</sup> jour de septembre l'an mil iiii<sup>c</sup> lxxviii, des bail et prinse faictz par ladite communauté d'une part et maistre Pierre d'Origny, conseiller du roy en la court de Parlement, c'est assavoir ladite communauté avoir baillé et ledit d'Origny pris d'icelle communauté, ung grand hostel et ses appartenances où il y a deux petites cours, jardins, sales, etc., n'a gueres appartenant à feu maistre Guillaume de Willon, assiz ou cloistre dudit Saint Benoist, tenant d'une part à l'ostel de la Tournelle appartenant à ladite communauté, et d'aultre part à maistre Jehan Chievre. Lesdits bail et prinse faiz parmy la somme de dix livres parisis de annuelle pension à vie par chacun an, les vies dudit d'Origny et l'ung de ses nepveux durans, tout selon les condicions et contenu esdites lettres. Signées Belin. Pinot........

(Archives nationales, LL. 557, fol. 49 r° v°.)

## XIII

Plaidoiries, en la cour de Parlement, au sujet de la possession de l'abbaye du Port-Royal, réclamée à la fois par Huguette du Hamel et par Jeanne de la Fin.

(15 et 19 décembre 1469, 11 janvier 1470.)

Du vendredi, xv$^e$ jour de décembre mil iiii$^c$ lxix, *hostiis clausis*.

Dauvet, président.

Entre seur Jehanne de la Fin appellant de maistre Girart Seguier, conseiller du roy en la court de ceans et intimés d'une part, et seur Huguette de Hamel et maistre Baudes le Maistre intimez d'autre; icelle Huguette aussi appellant de l'abbé de Chaalis et demanderresse en cas d'attemptas et en matiere de spoliacion et requerant l'enterinement de certaines lettres royaulx et autrement, d'autre part; et ladicte de la Fin, ledit abbé de Chaalis [1] et l'abbé de Vaulx-de-Cernay [2] defendeurs et adjournez oudit cas d'attemptas, et icelle de la Fin defenderresse en ladicte spoliation d'autre.

G. Lecoq pour Jehanne de la Fin dit que partie a esté aucun temps abbesse de l'abbaye de Port-

---

1. Pierre de Viry, jadis cellerier des Bernardins de Paris. Il quitta en 1471 l'abbaye de Chaalis, au diocèse de Senlis, qu'il gouvernait depuis treize ans, pour prendre la direction de l'importante abbaye de Clairvaux, au diocèse de Langres. Professeur de théologie, il écrivit contre l'abbé de Cîteaux, chef de l'ordre, et par conséquent son supérieur hiérarchique, un livre que le chapitre général des Cisterciens de 1482 condamna au feu. Il résigna ses fonctions abbatiales en 1476, mourut le 21 septembre 1506, et fut enseveli dans le cloître de Clairvaux (*Gallia christiana*, t. x, c. 1512-1513 et t. iv, c. 811).

2. Jean de Rully de Saint-Gengon, abbé de Vaux-de-Cernay, de 1458 à 1475.

Royal dont est question entre les parties, qui se y est tres mal gouvernée, tant en sa personne ou fait de son eglise que de ses religieuses, qui n'est ja besoing reciter. Dit que l'abbé de Cisteaulx [1], perc abbé, en a esté adverty, qui a baillé commission à l'abbé de Chaalis qui dès l'an LXIII s'informa, et lui apparu dudit mauvais gouvernement ; dit qu'il le remonstra à partie, mais elle n'en teint compte. Par chascun en a esté amonestée de se bien gouverner jusques en ceste année presente et, pour ce que ne lui a chaillu de y mettre ordre, l'abbé a esté contraint de y pourveoir. Et veu son procès fait deuement et oye sa confession a esté privée, et dit que feroit penitence salutaire dont n'appella, ne reclama, mais y acquiesça. Dit que depuis, au pourchas de maistre Baude le Maistre, se porta appellant en la court de ceans, où fut apporté ledit procès, et fut partie deboutée de son appellation, et depuis renonça à tout tel droit qu'elle povoit avoir, laquelle renonciation fut passée en la court de ceans. Pourquoy Chaalis a pourveue de la Fin de la dicte abbaye, qui en a joy jusques à ce que partie au pourchas dudit le Maistre a prins une complainte. A l'exécution d'icelle, de la Fin s'opposa, qui ot jour aux requestes où allega que, veues les procès, confession et privation, partie ne faisoit à recevoir, mais en lieu de repliquer a obtenu lettres qu'elle s'est bien gouvernée, etc., et est mandé par icelles faire information et que on la reintegre. Les presente à Seguier ; si se transporte vers lui ladicte de la Fin et requist estre oye, ce qu'il refusa, et se transporta en l'abbaye et fist rompre les portes et entra en l'abbaye, dont ladicte de la Fin appella. Dit que non obstant ledit appel, Seguier contraigny l'appellant à bailler les clefs qui bailla requeste aux presidens, *vacante curia,*

---

[1]. Imbert ou Humbert Martin, dit de Losne, abbé de Citeaux, de 1462 à 1476.

qui commisent trois commissaires. Dit qu'ilz oirent les parties et, oy par la court leur rapport, fut appoincté que l'execution desdictes lettres surserroit jusques à ce que de la Fin feust oye en sa cause d'appel. Dit que depuis a fait dire que on lui paiast les rentes et que on lui obéist comme abbesse par ce qu'il estoit appointé que tout devoit surseoir, mais on lui a respondu que Seguier l'avoit defendu, pourquoy a baillé sa requeste dont recite le contenu et conclud *ut in eadem*. Aussi conclud mal exploité et bien appellé. Offre à prouver et demande despens.

Lundi, partie adverse en vendra; *alias* la provision requise par de la Fin lui sera octroiée.

. . . . . . . . . . . . . . . . . . . . . . . . . . .

Dudit xixe jour de decembre ccccLxix, *hostiis clausis, post prandium.*

Dauvet [président].

En la cause seur Jehanne de la Fin et les abbés de Chaaliz et des Vaulx-de-Cernay d'une part, et seur Huguette du Hamel d'autre part.

Hesdin, pour Huguette, defend et dist que en son estat elle s'est très-bien gouvernée. Trente ans y a qu'elle est religieuse. Vacant l'abbaye par le trespas de Michelle de Langres, Huguette en fut pourveue et en joy xiiii ou xv ans, alors qu'elle en fut pourveue. L'abbaye estoit toute en desert et les rentes adnichilées; aussi y avoit bien peu de gouvernement et n'y trouva que une novice. Toutes fois, par sa bonne conduite, quant on la voult desapoincter, on trouva que l'abbaye valoit trois cens francs de rente et que il y avoit .v. ou six notables religieuses. Dit que il y a quatre ans ou environ, durant le[s] guerres que Huguette et ses religieuses s'est retraicte à Paris en l'ostel de maistre Baude le Maistre, procureur de ladite abbaye, et qui y a une niepce. Deux bernardins ce accointerent des religieuses de ladite Huguette et mesmement l'un de la niepce dudit maistre Baudes, qui requist à Huguette que ce bernardin ne parlast plus à sa niepce, en disant qu'il y avoit ung peu de suspection. Pourquoy Huguette le remonstra audit bernardin dont ne fut content et conceut grant hayne contre Huguette et la niepce dudit le Maistre, et telement que, par mauvais rapors faiz à l'abbé de Chaalis, la mist en sa malveillance; lequel abbé dist que se il lui devoit couster v$^c$ escus, il la debouteroit de son abbaye, et après s'enquist s'il y avoit aucune religieuse qui se voulsist bouter en ladicte abbaye après et n'en trouva aucune. Après fut adverty que de la Fin, qui est de Forestz, vouloit estre abbesse, qui avoit ses freres gens d'armes, auxquelz Chaalis le denonça. Le frere de ladite de la Fin s'informa à la suggestion de Chaaliz de la valeur de ladite abbaye, et après Chaalis fist une information secrete, où fist examiner deux apostatz et trois des voisines de Huguette contre qui elle avoit procès. Après Chaalis ala en l'abbaye et interroga ladite Huguette qui se justifia tres bien, et quant elle veit que par malveillance il procedoit, elle lui dist qu'elle estoit advertye que il la vouloit priver de ladite abbaye, mais il respondit qu'il n'estoit venu pour la grever. Dit que en sa compaignie il avoit ung religieux, compaignon de celui qui avoit fait les rapors, qu'i[l] constitua illec promoteur de l'Ordre et lui commanda qu'il accusast Huguette. Elle requist estre oye et que Chaalis lui assignast jour à Saint-Bernard et elle y comparestroit, mais le landemain après la messe, enjoingny à Huguette et aux religieuses que feussent en chapitre et, eulx estans en chapitre, fit descendre par force ladite Huguette de sa chaere où estoit assise comme abbesse, et lui dist qu'il la privoit de ladite abbaye, dont appella à son souverain; et pour ce que ne voult cesser appella ceans formellement, et lors lui dist que il avoit xvi amis en parlement contre ung que ladite

Huguette y avoit, et après dist aux religieuses qu'elles estoient trop jeunes pour élire et qu'il leur bailleroit une abbesse nomée Jehanne de la Fin. La plus vielle desdites religieuses demanda qui estoit de la Fin, disant que ne la congnoissoient. Mais Chaalis dist que n'en avoient que faire, et en lieu d'abesse pourveu[t] ledict abbé des Vaulx-de-Cernay de la dicte abbaye et lui bailla le gouvernement de cinq ou six religieuses dont aussi appella. Dit que depuis Chaalis fist de grans visitations en ladicte abbaye et y mist ung sien serviteur nommé Maquereau. Fist oultre Huguette prisonniere, et defendit aux religieuses de ne converser avec elle. Dit que depuis Huguette releva lesdictes deux appellations et furent adjourniez à comparoir ceans lesdits de la Fin, Chaalis et des Vaulx, mais non obstant Chaalis manda Jehanne de la Fin qui, six semaines après et environ Pasques, arriva à Paris et Chaalis avec ladicte de la Fin et son frere homme de guerre, [et] entrerent par force et violence en ladicte abbaye. Huguette qui estoit dedans et deux religieuses avec elle se bouterent en leur eglise près l'autel[1] Nostre-Dame; mais l'abbé de Chaalis et ledict de Vaulx la tirerent hors de ladicte eglise, oultre son gré, et de nuyt la fist transporter en l'abbaye du Pont[2], où fut mise en une relante prison très mauvaise et fut defendu que ame ne parlast à elle, où fut detenue bien vingt jours. Les amys de Huguette se tirerent devers le roy, obtindrent provision par vertu de laquelle Alain de la Croix s'enquist où estoit Huguette, tant en ladicte abbaye du Pont que devers ledict abbé de Chaalis, mais il n'en peut riens savoir, et pour ce

1. Le mss. porte « ostel. »
2. L'abbaye du Pont-aux-Dames, de l'Ordre de Cîteaux, située au diocèse de Meaux et sur le finage de Couilly (Seine-et-Marne, arr. de Meaux, canton de Crécy), était alors administrée, soit par Tassine Gérard, connue en 1456, soit par Alardine de Jasquières, citée en 1469 et 1479 (*Gallia christiana*, t. VIII, col. 1225).

fut saisi le temporel de Chaalis et aussi celui de l'abesse du Pont, et après laisserent echapper ladicte Huguette. Dit que pendant la prison la fistrent tant persuader de renoncer à son droit, et, pour ce qu'elle estoit fort foible, demanda confession et ses sacrements; mais on lui dist que n'aroit point de confession, sinon que renouçast aux appellations par elle interjectées, et après Chaalis envoia querir ung notaire et contraigny Huguette à elire procureurs à la poste dudict de Chaalis; et après elle eschappa. Dit que par conseil print complainte qu'elle fist executer contre de la Fin qui s'opposa et ot jour aux requestes où defendist à la complainte, mais au restablissement elle ne voult entendre et quist des delays; pour quoy Huguette se transporta devers le roy, et lui remonstra les choses dessus dictes, obtint lettres, et estoit mandé que s'il apparoissoit, etc., que fust reintegrée. Seguier se transporta en l'abbaye et s'informa et fist adjourner la Fin pour veoir proceder sur lesdictes lettres, mais pour toutes defenses appella de lui. Alors Seguier dist que, se ne disoit aultre chose, il procederoit oultre et, pour ce que aultre chose ne voult proposer, remist Huguette comme spoliée en son eglise et lui restitua les clefz de sa chambre et fist commandement à partie de se departir, et lui donna temps pour ce faire. Dit que partie vint relever son appel, et, pour ce que la court ne seoit, bailla requeste aux presidens qui commistrent commissaires. Leur relation oye a esté appoincté que tout surserroit et que partie vendroit dire sa cause d'appel; mais elle a baillé sa requeste et requiert que les rentiers soient contrains à lui paier les rentes. Si concluid mal procedé, desappoincté et pourveu par lesdiz abbez de Chaalis et des Vaulx et bien appellé; que lesdicts abbez soient contrains à reparer lesdiz abbuz et excès et à remettre Huguette au premier estat qu'elle estoit avant les appellations et à restituer les biens qui estoient en nature, et l'abbé de Chaaliz en amende proufitable de mil livres et celui des Vaulx en v$^c$, et à tenir prison jusques à plaine satisfacion, et que Huguette afin que puisse poursuir son droit soit mise ou sauf conduit de la court, que lesdicts abbez et de la Fin et aultres quelzconques soient contrains à faire revoquer toutes censures et excommuniements, etc., et ladicte Huguette faire absoldre se excommuniée est; despens, dommages et interestz. Dit oultre que partie ne fait à recevoir comme appellant. Se de l'octroy se dit appellant, n'est recevable, *quia a principe non appellatur,* Huguette estant spoliée estoit mandé par les lettres s'il apparoissoit du contenu. Or est-il apparu, *quare* a esté reintégrée, ainsi ne feroit de la Fin à recevoir, *nam spoliatus ante omnia restituendus est,* se de l'executeur, *pari passu,* n'est recevable, car Seguier a observé son mandement, partie appellée, *et constito sibi de contentis* a reintegré. *Sicque* ladicte de l'appellation n'est recevable, au moins valable; à ce conclud et à despens. Ad ce que Huguette a mal administré, etc., et que Chaaliz l'en a amonestée, dit que *nichil est.* Chaaliz par plusieurs années a visité en l'abbaye, mais il n'y a trouvé quelque faute; aussi n'en baptise parties pas une. A ce que n'appella de la privation, etc., dit que si et pardevant son souverain; mais pour ce que par dessus l'appel Chaalis abusoit, elle appella ceans et aussi de l'abbé des Vaulx. Dit que maistre Baudes le Maistre ne parla à elle depuis sa prinse jusques après l'appel relevé. A ce qu'elle s'est mal administrée, dit que *nichil est,* et appert du contraire par ce qu'il a dit et a paié à Chaliz xxx livres que ung abbé de Chaaliz, passez sont quatre vings ans, avoit presté à l'abbaye; dit que de present y a belle revenue et bestail et belles terres. A ce que la court a veu le procès, etc., dit que *nichil est,* et n'a pas la court accoutumé de approuver les procès de Cisteaulx. A ce qu'a renoncé, etc., dit que ce a esté par seduction, contrainte et menaces, et dist et respond qu'elle renonceroit plus tost à l'abbaye et toutes aultres qu'elle n'eust confession; aussi d'icelle renonciation a esté relevée. A l'acord que partie dit avoir esté passé ceans, etc., dit qu'il faudroit que les parties eussent convenu ensemble, et toutesfois Huguette ne veit onques la Fin; ainsi serait forte chose d'avoir accordé. Dit que non obstant le procès aux requestes, elle a obtenu ses lettres et a peu requerir et poursuir sa restitution pendant le procès, comme spoliée. A ce que la Fin ne fut appelée, etc., dit qu'il appert du contraire par le procès verbal de Seguier. A la provision requise par partie, dit que partie n'est recevable à la demande, car elle confesse qu'il y a procès en matiere de nouvelleté, pourquoy seroit le decider; aussi Huguette est spoliée et doit estre restituée et requiert que inhibicion et defense soit faicte de n'attempter ou innover. Le residu à ung autre jour.

Du jeudi xi<sup>e</sup> jour de janvier m cccc lxix, *hostiis clausis*.

Nanterre président.

Le Coq, pour Jehanne de la Fin, religieuse, appellant de maistre Gerard Seguier, conseiller du roy en la court de ceans, contre Huguette du Hamel, replique et dit que notoirement ladicte de la Fin a esté grevée. Il estoit mandé à Seguier s'il lui apparoissoit du contenu es lettres, etc., et devoit appeller ladicte de la Fin à son execution, ce qu'il n'a voulu faire, mais proceder sans son sceu. L'appellant de ce advertye, lui fist requerir que il l'oist, ce qu'il ne voult faire, parquoy a eu cause d'appeler. Dit que les lettres sont surrepticés, orrepticés et inciviles. Surrepticés, car partie taist le procès fait par l'abbé de Chaalis qui a esté deuement fait. Taist aussi que a esté atteinte par sa bouche et par tesmoings et donne à entendre qu'elle a appellé de Chaalis et *non quod voluntarie* a renoncé à son appel. Taist aussi que, pour raison de l'abbaye, le procès estoit pendant en matiere de nouvelleté aux requestes. Dit aussi que sont orrepticcs, car n'a esté spoliée de voie de fait ainsi qu'elle allegue, et ce qu'elle allegue est pur injurieux. Sont aussi inciviles, car, puis que une fois, partie a renoncé à son droit, elle n'y peut retourner; car en matiere beneficiale n'y a provision que la recreance et, se provision vouloit avoir, la devoit demander aux requestes et non obtenir esdictes lettres. A ce que partie a esté abbesse espace de XII ans et qu'elle s'est bien gouvernée, etc., dit que, pour à ce respondre, proteste de ne injurier personne par ce qu'il dira, car ce present procès est sur ce fondé; et dit que, comme ses memoires portent, quant Huguette fut pourveue de l'abbaye se gouvernoit bien petitement, *adeo quod labe carnis* elle estoit entaschée, mais elle le faisoit si secretement que on ne s'en estoit apperceu; mais, depuis qu'elle fut abbesse, fist procureur de ladicte abbaye maistre Baudes le Maistre, et lui bailla les sceaux de l'abbesse et du couvent et, quant il venoit en l'abbaye, couchoit en sa chambre avec elle famillierement. Dit que, une fois, eulx deulx ensemble se baignerent et commanda partie à une religieuse nommée Alipson que se baignast avec ung maistre es ars, cousin dudit maistre Baudes, qu'il avoit illec amené, et auquel on avoit apparcillé ung autre bain. Laquelle Alipson respondit que ce seroit mal fait et n'en feroit riens, mais partie la fist gecter audict bain, toute chaussée et vestue, et force lui fut se despoiller. Dit que depuis, partie qui, comme on dit, est fille du feu abbé de Saint-Riquier [1], vendist à propres deniers audict de Saint-Riquier, son pere naturel, ladicte Alipson. Et telement se gou-

---

1. Hugues Cuillerel, natif de Poligny (comté de Bourgogne), fut abbé de Saint-Riquier, au diocèse d'Amiens, de 1411 à 1462, et mourut en cette dernière année au château abbatial de Drugy.

vernoit partie que d'elle est cheute une plume et, à son exemple, une autre religieuse a aussi laissé cheoir une plume qui fut estainte et que les pourceaux devorerent. Dit qu'elle aloit aux festes et nopces et se degoisoit avec les galans, et aucunes fois la nuyt illec se tenoit telement que les gens d'armes en firent une balade, desquelz elle fit tant batre ung qu'il expira et en est encores le procès pendant ceans. Dit que Chaalis, de l'autorité de Cisteaulx, plusieurs fois, l'a admonestée de se bien gouverner et lui fist commandement que boutast hors maistre Baudes, mais en comtempnant ce commandement, xv jours après, manda ledict maistre Baudes venir devers elle. Dit que quant, assez souvent, maistre Baudes ne la venoit veoir, elle en propre personne venoit en ceste ville ; qui lui prestoit semblablement son lit, comme elle lui faisoit le sien, et, quant elle a esté contrainte habandonner ledict maistre Baudes, elle a obligé l'eglise en iiii$^c$ xviii l. envers lui, et ont eulx deulx emporté les lettres et tiltres de ladicte abbaye ; aussi Hesdin, advocat de partie, a osté sa niepce de ladicte abbaye de paour que ceste contagion ne la precipitast. A ce que par force Huguette a esté despoillée, etc., dit que on congnoist bien Chaalis qui ne daigneroit faire les abbuz alleguez par partie, et avoit en sa compaignie quant il fist la privation trois ou quatre abbez et ung docteur en theologie et, le procès deuement fait, a esté privée et pour penitence salutaire lui fut baillée l'abbaye du Pont, hors laquelle Baudes l'a tiré en habit dissimulé et l'a persuadée d'apeller et se porte appellant. Dit que après congnoissant estre indigne de tenir le benefice a passé procuration pour y renoncer. Dit que l'abbé de Chaaliz avoit baillé en garde les sceaux de l'abbaye à l'abbesse de Saint-Anthoine-des-Champs[1], mais partie

---

1. Jeanne Thiboust, abbesse de Saint-Antoine-des-Champs de 1459 à 1497.

les lui a secretement ostez pour seeller ladicte obligation faicte audict maistre Baudes. Si conclud comme dessus mal procedé, refusé et denyé et bien appellé; dommages, interestz et despens. Dit oultre que il a baillé sa requeste en laquelle il persevere et requiert, selon icelle, que il ait mandement de la court pour contraindre les rentiers à päier de la Fin et que Baudes et Huguette soient contrains à faire apporter lesdictes lettres et tiltres au greffe de ceans. Dit que n'est tenu de defendre à la cause d'appel de partie, car, par ledit accord passé ceans, partie y a renoncé. Aux attemptas dit que, depuis l'accord passé, Chaalis n'a esté adjourné et ainsi n'a ne jour, ne terme et n'y est tenu proceder.

Hesdin, pour du Hamel, dit qu'il est bien fondé par ce qu'il a dit. Dit oultre que Chaaliz, en usant de la puissance de Cisteaulx, a abbusé et ainsi est recevable comme appellant et pour montrer de l'abbuz. Dit que sont XIIII ou XV ans que du Hamel a joy de ladite abbaye : neantmoins sans cause raisonnable a esté despoillée, et est ladicte du Hamel abbesse, à son abbaye espouse, qui est mariage espirituel et n'y peut nullui toucher sans grant cause; mais, sans faire quelque forme de procès. Chaaliz l'a desappoinctée après les appellations interjectées à l'abbé de Cisteaux, son souverain, et en la court de ceans, et priva les religieuses du droit d'election et n'y pourveut par inquisicion, mais de son autorité et de personne incongneue, qui est chose expressement faicte contre le statut de l'ordre; et tout ce que a fait Chaaliz, ce n'a esté que par la hayne et en la maniere qu'il a dicte en ses defenses. Dit que Chaaliz devoit procéder *zelo justicie*, et par charité, et non *per vindictam*. Aussi le procès faict contre Huguette est defectif; car, comme il a dit, Chaalis, après les appellations interjectées des forces et violences, et six sepmaines après, tira hors de son église et de nuyt ladicte Huguette. Dit que les lettres de justice sont *in forma justicie* et données *ex certa regis sciencia;* en obtenant lesquelles, a donné à entendre seulement la possession qu'elle a eue; aussi s'adrecent elles à l'un des conseilliers de ceans. Or, quant Seguier a voulu proceder, il a appelé partie adverse qui n'a sceu que dire, mais de plain bout a appelé ainsi que par le procès-verbal de Seguier apperra. A ce que a esté privée et que a esté trouvée chargiée *de peccato carnis, etc.,* dit que, puis qu'elle a joy XIIII ou XV ans, fault presumer que canoniquement a esté pourveue et qu'elle n'a mal fait de son corps, ainsi que partie veult dire. A ce que Baudes l'a gouvernée, etc., dit que *nichil est,* mais au contraire elle s'est bien gouvernée; ainsi la desappoincter maintenant, attendu qu'est sexagenaire, est contre raison. Dit que Chaalis a toujours visité l'abbaye et veuz les comptes esquelz n'a trouvé quelque faulte et, en approuvant que bien se gouvernait, Chaalis lui envoya pour reduire quatre ou cinq religieuses qui s'estoient mal gouvernées. Dit que Baudes est notables homs et ne daigneroit faire ce que partie dit, et veoit-on clerement *ex persona* de ladicte du Hamel qu'elle n'est femme pour faire ce que partie propose, et *quod etàs tollit omnem suspectionem.* Aussi Baudes a presté tele fois cent escuz pour les reparacions de l'abbaye en faveur de sa niepce qui y estoit religieuse. Dit que en l'abbaye n'a que deux chambres pour l'abbesse et pour ses religieuses, ainsi n'eust pu faire mal; et dit que en l'informacion seulement ont esté examinez deux apostates et de ses voisines contre qui[1] elle a eu procès, et autre procès n'y a qu'elle saché. Proteste debatre le procès fait contre Huguette quant le verra. Au regard des bains, dit qu'il n'en est rien. Et à ce que la plume a esté mengée des pourceaulx, dit que *nichil est,* et quant ainsi seroit

---

1. Le mss donne *qu'il.*

Huguette n'y aroit coulpe. A ce que a fait obligation à maistre Baudes, etc., dit que xii ans a qu'il est procureur, et lui sont deubz ses gaiges et a presté ses deniers propres; aussi y a sept ou huit ans que Chaaliz a passé les mises dudict Baudes, couchées es comptes, et les a signez. Dit que au temps que Huguette a esté despoillée, on devait bien à l'abbaye v<sup>c</sup> livres. Dit que a passer l'obligation estoient toutes les religieuses. A ce que a osté le seau, etc., dit que Chaaliz a si grant familiarité à l'abbesse de Saint-Anthoine que ceste hayne en est venue. Huguette, sur ce interrogiée, a eu agréable ce que a dit Hesdin touchant l'abbesse de Saint-Anthoine après que Depons a requis que Hesdin se fit advouer. Dit oultre Hesdin que quant Huguette veit que l'abbesse de Saint-Anthoine avait la garde de son seau et qu'elle pourroit obliger son abbaye, trouva façon de le recouvrer. Dit que quant elle constitua bailli son procureur, elle avoit esté transportée et detenue en prison telement qu'elle fut contraincte de passer procuration et lui fist dire Chaaliz qu'elle mourroit en prison, s'elle ne la passoit. Or, veu donc que ce a esté fait par force et que le roy l'a relevée, elle est recevable. A ce que se dissimula, etc., dit que oncques ne laissa son habit, mais, quant le temporel de Chaaliz et celui de l'abbesse du Pont furent saisies, ils la laisserent eschapper. Dit que le procès est pendant aux requestes, *ratione retinende possessionis*, aussi une personne spoliée est recevable à demander sa reintegration et encore seroit elle recevable à la demande aux requestes et doit elle estre restituée. Conclud que fait à recevoir mal procedé, privé, etc., et bien appellé et que par provision soit reintégrée; dommages, interestz et despens.

Lecoq dit que Hesdin s'efforce de repliquer, et neantmoins il n'a defendu à la cause d'appel de partie et se constitue demandeur en cas d'abuz, et dit que, veu l'accord, l'appel est adnullé et n'y doit proceder, et requiert que son plaidoié soit regecté.

Hesdin emploie son relievement au contraire.

Ganay, pour le procureur du roy, dit que ceste cause ne deust ceans estre plaidée et que, soubs umbre des appellations faictes ceans par plusieurs, aulcuns se veuillent rebeller contre leurs souverains, si requiert que tout soit renvoié à Cisteaulx et, se la court en retient la cognoissance, il verra le plaidoié et la production des parties, et lors dira pour le roy ce qu'il appartiendra.

Appoincté est mettre par devers la court, dedans trois jours, ce que les parties vouldront et au Conseil sur les provisions requises et sur tout.

(Archives nationales, X¹ª 8311, fᵒˢ 190 rᵒ et ss.)

## XIV

Damoiselle Ysabelle de Bruyères est mise en possession de la maison de la Longue-Allée, sise rue Saint-Victor, à Paris.

(27 août 1471.)

Du mardi, xxvii⁰ jour d'aoust l'an mil iiii⁰ soixante unze.

Honorable femme Ysabel de Bruierez, bourgoise de Paris, a esté le jour d'uy par nous mise en saisine et possession, sauf tous droix, d'une maison, cours, jardins, louagez, establez, galeriez, cavez, celier, cuisine et le tout, le lieu ainsy comme il se comporte et extend de toutes pars, assis à Paris en la rue Saint-Victor, près de la Croix-Hemon, nommée et appellée vulgaulment la Longue Alée, d'une part tenant de present aux hoirs et ayans cause de feu maistre François de la Vacquerie et encores d'icelle part à une maison que l'en dit appartenir à maistre Jacques Nyvert et à certainez maisons appartenans au college de la Marche, tout d'icelle part, et d'autre part tenant à une maison qui fut à Guillaume Masson et de present appartenant à Jehan Diche, couvreur de maisons, et aux ayans cause de feu maistre Jehan Mellet, aboutissant par derriere aud. college de la Marche, en nostre censive et seigneurie, haulte justice, moyenne et basse, et chargée envers nous de six solz parisis de fons de terre par chascun an en le jour de Saint-Remy; laquelle maison avec ses appartenances a esté transportée et vendue à lad. Ysabel de Bruieres, pour elle et ses hoirs et ayant cause, par religieuses personnes et honnestes maistre Pierre de Laleu, docteur en theologie, religieux de l'Ordre de Nostre-Dame du Carme, provincial de France; maistre Jehan Monnet, docteur en theologie, prieur de l'eglise et monastere et couvent de Nostre-Dame du Carme, à Paris; maistre François des Neux, aussi docteur en theologie, regent; frere Nichole du Chasteau, presenté en lad. faculté de theologie, frere Jehan Valée, liseur en icelle faculté, frere Jacques Becqueman, maistres et etudians; frere Guillaume Louvel, sous prieur; frere Jehan du Boys, frere Robert Bagou, frere Baude de la Mare, frere Hugues Canet, frere Estienne de la Haye, frere Quentin Tartereau, frere Gervaise Blanche, frere Gratien le Leu, frere Pierre Hebert, frere Guillaume Bureau, frere Jehan de Launay, frere Guillaume de Monceaulx et frere Jaques Gigon, tous religieux et profestz de la dite eglise de Notre Dame du Carme à Paris, aux queulx appartenoit à cause de leur dite eglise ladite maison et appartenances, par don fait à eulx et leur dite eglise dès l'an mil iiii<sup>c</sup> cinquante six par feue damoiselle Katherine de Bethisy, lors veufve de feu noble homme maistre Girard de Bruieres, cestez vente et transportz faiz moyennant et parmi la somme de deux cens cinquante escuz d'or du coing nostre sire, courant à present pour XXII s. p. pour chascun escu. Toutes lesquelles choses nous sont apparues par lettres sur ce faictes et passées entre les parties, et par accord, par devant Loys Berthelemi et Louys Jaquet, notaires du Roy nostre sire ou Chastellet de Paris, le mercredi XII° jour du moys de decembre l'an mil quatre cens soixante et dix. Receu pour les ventes de cent escux seulement qui sont pour l'achat, quar il estoit deu auxdiz religieux CL escux par feue madamoiselle de Bruieres qui sont comprins en lad. somme de II° L escus dont il n'est point deu de vente. Pour ce, receu VI l.

(Archives nationales, S. 1648, f° 143 v°, 144 r°.)

## XV

Testament de Jean Flastrier, neveu de feu maître Guillaume de Villon.

(22-26 novembre 1481.)

In nomine Sancte et Individue Trinitatis, Patris et Filii et Spiritus Sancti, amen. Universis presentes litteras inspecturis, curatus ecclesie parrochialis Sancti Benedicti Beneversi Parisius, salutem in Eo qui omnium est vera salus. Notum facimus quod in presencia dilecti nostri magistri Roberti Anglici, presbiteri, vicarii nostri, cui fidem adhibemus indubiam, personaliter constitutus Johannes Flastrier, barbitonsor, commorans in magno vico Sancti Jacobi, parrochianus noster, sanus mente et intellectu quamvis infirmitate detentus corporali, attendens et considerans quemlibet in carne positum in terribili judicio Eterni Judicis de propriis factis rationem redditurum, nilque in condicione humana fore morte certius, nichil vero incertius ejus hora; et ob hoc non immerito cogitans de supremis et postremum diem hujus seculi quamplurimum vaxilantis prevenire cupiens, ut ad gaudia felicitatis eterne valeat pervenire, nolensque intestatus decedere sed tanquam orthodoxe fidei zelator, credens firmiter in Sanctam Trinitatem, Patrem et Filium et Spiritum Sanctum Matremque nostram Ecclesiam catholicam, ut verus catholicus in fide Christi et Ecclesie desiderans vitam suam finire, et anime sue de bonis a Deo sibi col[l]atis cupiens pro posse salubriter providere, juxta datam a Deo sibi facultatem, suum testamentum sive suam ultimam voluntatem condidit, ordinavit, fecit et disposuit in modum qui sequitur et in formam cujus quidem testamenti tenor insequitur de verbo ad verbum et est talis.

In nomine Patris et Filii et Spiritus Sancti, amen. Jehan Flastrier, barbier, demourant en la grant rue Saint-Jacques, en la parroisse monseigneur Saint-Benoist à Paris, sain d'entendement et pensée, fait et dispose son testament ou ordonnance de dereniere voulenté en la maniere qui s'ensuit.

Et premierement, il recommande son ame à Dieu, le tout puissant createur du Ciel et de la Terre, en luy demandant mercy et pardon de tous ses pechés et meffais, à la glorieuse Vierge Marie, sa mere, advocate des povres pecheurs, à monseigneur sainct Michel Ange et à tous anges du glorieux royaulme de Paradis, à messeigneurs sainct Pierre, sainct Pol, sainct Jehan, et à tous apostres, à monseigneur sainct Estienne, prothomartir, et sainct Sebastien et à tous martirs, à monseigneur sainct Benoist, son patron, sainct Nicolas et à tous confesseurs, à madame saincte Geneviefve, saincte Katherine, saincte Barbe, et à toutes vierges et sainctes, et generalement à toute la court celestielle de Paradis.

Item, veult son corps estre inhumé, en la nef de ladite eglise, soubz la tumbe de maistre Guillaume de Willon, son oncle.

Item, veult et ordonne ses debtes estre payés et ses forfais amendés par son executeur cy-dessoubz nommé.

Item, veult sondit corps estre convoyé au cueur de ladicte eglise par la communauté d'icelle, et son service estre faict audit cueur par ceulx de ladicte communauté, bien et honorablement en la maniere accoustumée, c'est asçavoir vigilles, laudes, commendaces, troys haultes messes et autres suffrages accoustumés; et, pour ce faire, il laisse à ladicte communauté quatre livres parisis.

Item, veult pour son luminaire six torches pesans chacune deux livres de cire et quatre cierges chacun d'une livre.

Item, veult avoir la sonnerie telle qu'il est accoustumé en tel cas et, pour ce faire, laisse au marglier chorial de ladicte eglise huit solz parisis.

Item, veult avoir le jour de son service trente basses messes des trespassés.

Item, veult estre ce jour donné pour Dieu aux povres indigens jusques à ung escu d'or.

Item, veult estre faict le lendemain de sondit service ung aultre service à l'autel parrochial de ladicte eglise en la maniere illec accoustumée et, avecques ce, six basses messes des trespassés.

Item, veult et ordonne que incontinent après lesdis services soit célébrée chacun jour une messe basse des trespassés, par trente jours continuelz et entresuivans, et que à chacune d'icelle soit offerte une chandelle ou argent.

Item, laisse et donne à chacun des quatre ordres mendians quatre solz parisis pour venir dire vigilles sur son corps.

Item, laisse au curé de ladicte eglise huit solz parisis.

Item, à son clerc, deux solz parisis.

Item, à l'œuvre parrochiale de ladicte eglise, quatre solz parisis.

Item, à l'euvre du cueur d'icelle, quatre solz parisis.

Item, à la confrarie dudict Sainct Benoist, deux solz parisis.

Item, aux messes de Nostre-Dame et sainct Sebastien, deux solz parisis.

Item, à l'Ostel-Dieu de Paris, quatre solz parisis.

Item, à l'euvre de Nostre-Dame de Paris, quatre solz parisis.

Item, à la confrairie des barbiers fondée en l'eglise du Sepulchre à Paris, dix solz parisis.

Item, à ladicte euvre et fabrique parrochiale dudict Sainct Benoist, laisse et donne dix solz parisis de rente qu'il a droit de prendre chascun an sur demy arpent de vigne appartenant à Jehan Boyreau, bedonneur demourant en la rue de la Herpe, assise ou terrouer de Montrouge près Paris, par ainsi toutes voyes que les margliers de ladicte fabrique seront tenus de faire dire et celebrer ung obit de haulte messe et vigilles à troys pseaulmes et troys leçons audict autel parrochial, tous les ans, ainsi qu'ilz ont accoustumé de faire aux aultres obitz en tel cas, pour le salut des ames de luy, sa feue femme et aultres ses amys trespassés.

Item, laisse et donne à la dicte communauté de Sainct Benoist, legue et assyne vingt solz parisis de rente annuelle, perpétuelle et non rachetable, à tous jours en et sur son hostel où il demeure et faict sa residence, assis en ladicte rue Sainct-Jacques, joingnant et faisant le coing de la porte d'en hault du cloistre dudit Sainct-Benoist, pour par ladicte communauté dire et celebrer par chacun an à tousjours au cueur de ladicte eglise ung obit solennel à tel jour qu'il trespassera ou le plus prochain et convenable jour ensuivant que faire se pourra au salut et remede des ames de luy, sa feue femme et aultre leurs amys trespassés.

Item, ledit testateur veult et ordonne que Germain Vasline et Huguette, sa femme, filleulle d'iceluy testateur, tant pour les paines et salaires de l'avoir servy, et qu'il a espoir qu'ilz le serviront sa vie durant, comme affin qu'ilz soient tenus de prier pour luy et sadicte feue femme, possident, usent et joyssent paisiblement pour leur demourance, leur vie d'eulx et du survivant d'eulx, deux, durant seulement, de son dit hostel où il est demourant, aux charges toutefoys tant de fons de terre et quatre livres parisis de rente à quoy il print sondict hostel de messeigneurs les chanoines dudict Saint-Benoist, comme desdiz xx solz parisis d'autre rente telle et ainsi par luy constituée, assignée et donnée à ladicte communauté, comme dit est. Et aussi que lesdicts Germain et Huguette, sa femme, et chacun d'eulx, seront tenus de soustenir, entretenir et maintenir leurs dictes vie durant et rendre à la fin de leurs jours ledit hostel en bon et souffisant estat de toutes reparations necessaires quelzconques. Et veult et ordonne icelluy testateur que, après le trespas du survivant desdicts mariés, ledit hostel retourne, soit, compete et appartienne ausdicts messeigneurs les chanoines, pour en faire et disposer de là en avant à tousjours comme de leur propre chose, à la charge toutefoys desdicts xx solz parisis de rente, telle et ainsy par luy constituée et donnée à ladicte communauté, comme dit est, et sans ce que les dicts chanoines doient ou puissent prétendre requerir, demander ou prendre particulierement quelque chose, part ou portion es diz xx sols parisis de rente ne que eulx ou aultres personnes quelzconques les puissent, ou partie d'iceulx, ravoir, reimbre, acheter, mettre ou faire mettre hors des mains d'icelle communauté pour quelzconques ordonnances, compositions, causes ou manieres que ce soit ou puisse estre, mais les recevra, prendra et persevra ladicte communauté, franchement et quittement, comme admortie par ledit hostel par chacun an à tousjours.

Item, veult aussi et ordonne ledit testateur que messire Jehan le Duc, prebstre beneficié en ladicte eglise et frere de sadicte feue femme, use, posside, et joysse paisiblement, aussi sa vie durant seulement, d'ung arpent de vigne, audict testateur appartenant, assis près du moulin au vent, oultre Nostre-Dame des Champs, au lieu dit Piquehoe, tenant d'une part au Chemin au Prebstre et d'aultre au college de Beauvoir, ensemble et avecques la petite maison, jardin et pourprins dudit testateur, assis audit cloistre Sainct-Benoist et faisant partie des masures anciennement appelées l'Ostel de la Biche, et tenant d'une part à l'ostel de la Tournelle, aux charges foncieres et anciennes que lesdicts lieux doivent par an et de les maintenir en bon et souffisant labour, estat et reparation ladicte vie dudict le Duc durant. Après le trespas duquel le Duc, icelluy testateur veult et ordonne expressement lesdictes vignes, maison et pourprins estre convertis et appliqués et ordonnés à tousjours par et selon le bon advis, ordonnance et deliberation desdiz chanoines et de ladicte communauté ensemblément, c'est à sçavoir ladicte maison, en et pour l'abitation et demourance des enfans de cueur qui seront fondés ou à fonder ou cueur de ladicte eglise, et ladite vigne en augmentation et accroissement de la fondation desdiz enfants, moyennant et parmy ce toutes voies que lesdiz enfants de cueur seront tenus, par eulx et leur maistre, dire sur la tumbe dudit de Vyllon, oncle dudict testateur, soubz laquelle icelluy testateur sera inhumé, le premier jour de chacun moys de l'an, à tousjours, incontinent après la grant messe dudict cueur les sept pseaulmes avecques la litanie *Libera me, Domine*, et aultres versetz subsequens, ensemble les oraisons : *Deus, qui inter apostolicos sacerdotes; Inclina... famuli famuleque tuorum et fidelium,* au remede et salut des ames dudict de Vyllon, testateur, sadicte femme et aultres ses parens et amys trespassés.

Item, laisse et donne icelluy testateur à Estiennette Flastriere, demourant à Vyllon près Tonnerre, sa seur germaine et prouchaine heritiere, se elle est vivante, et se elle est trespassée à ses plus prouchains heritiers, pour tout tel droit de succession et hoirie qu'ilz porroient avoir, pretendre, demander ou leur pourroient escheoir par le trespas et succession dudict testateur à cause de ses biens meubles et conquestz immeubles, la somme de six escuz d'or; et ou cas que ladicte Estiennette ou sesdits heritiers ne seroient ou vouldroient estre contemps dudit laiz de six escus d'or pour les causes que dessus, ledit testateur veult et ordonne expressement que ladicte Estiennette ou sesdits heritiers soient du tout privés, forclos et dès maintenant les prive et forclost de toute sadicte succession et hoirie, car il ne se sent point en consciense en riens chargé ne tenus envers eulx, tant pour ce que de son jeusne aage ne leur a riens cousté ne donné quelque charge, comme par ce que sadicte seur et aultres ses coheritiers ont tousjours joy et usé des heritaiges et possessions à luy venues et escheus tant par succession de pere et de mere et aultres, comme par le trespas dudit de Vyllon, son oncle, dont icelluy testateur est heritier.

Item, oultre ce, veult et ordonne aussi le testateur que, au bout de l'an de son trespas, soit dit et celebré par ladicte communauté ou cueur de ladicte eglise ung tel et pareil et service solennel que celluy de son trespas, avecques douze basses messes des trespassés et tel luminaire qu'il plaira à son executeur cy-après nommé. Et le residu de tous ses biens meubles et immeubles, ce present son testament tout selon sa fourme

et teneur premierement du tout accomply, icelluy testateur veult, ordonne et expressement enjoint estre
distribué, converty et employé en services, messes,
aulmosnes et aultres euvres piteuses et charitables,
tout par et à la discretion, ordonnance, voulenté et
deliberation de son dit executeur en luy priant,
requerant et expressement chargant en sa consciense
d'en faire tout et aultant et ainsi qu'il vouldroit que
ledict testateur fist pour luy en semblable et pareil
cas. Et ne veult pas icelluy testateur que quelque
inventoire soite faicte de ses dits biens après son trespas, ne que sondict executeur soit tenu d'en rendre
quelque compte s'il ne luy plaist, car ledict testateur
s'en raporte du tout à sa consciense.

Pour toutes lesquelles choses dessus dictes, et
chacune d'elles faire, parfaire, acomplir et mettre à
execution et fin deue, icelluy testateur crée, eslist,
nomme et ordonne son executeur et de foy commis-
saire ledict messire Jehan le Duc, seul et pour le tout,
auquel il donne plain povoir, auctorité et mandement
especial de faire, parfaire et accomplir tout ce que dit
est cy-dessus, avec povoir et puissance de augmenter
et diminuer sondict present testament, se mestier est,
selon sa consciense, deliberacion et advis; es mains
duquel icelluy testateur se dessaisist et desvest de tous
ses biens meubles et immeubles, et l'en vest et saisist
pour iceulx emploier et convertir à l'accomplissement
de sondict present testament en renonçant, et du tout
cassant et adnullant, tous aultres testamens, codi-
ciles et ordonnances de derreniere voulenté faictz et
passés par icelluy testateur par avant cestuy present
sien testament, voulant et expressement ordonnant
ledict testateur son dict present testament valoir, tenir
et sortir son plein effect, force et vertu en tous ses
poins et articles soit par force de testament, codicile
ou aultrement, par la meilleure forme, voye et maniere qu'il doibt et peut valoir. Et se arreste ledict

testateur, du tout, audit present son testament, par luy faict et passé le jeudi xxiiᵉ jour du mois de novembre l'an mil cccc iiiiˣˣ et ung, presens ad ce Pierre Gibert, du dyocese d'Avrenches, et Collette la Byne, du dyocese de Bayeux, et confermé et ratiffié de rechief par ledict testateur le lundi ensuivant xxviᵉ desdiz moys et an, presens les dessus nommés et venerables et discretes personnes messire Jehan Vautier, prebstre, et maistre Jehan Rotro, aussi prebstre, des diocèses de Coüstances et Lisieux, par devant moy Robert Langloys, prebstre, pour lors chappellain du curé dudict lieu de Sainct Benoist. In cujus rei testimonium, sigillum nostre memorate ecclesie quo in talibus uti consuevimus, una cum signo manuali nostri prefati vicarii, presentibus litteris duximus apponenum, anno et die pretactis.

(Signé :) LANGLOYS.

( L'original de cette pièce est renfermée dans les archives de l'église collégiale de Saint-Benoît, aux archives nationales, S. 898 [1] ).

---

[1]. Le même carton renferme une copie sur papier, également écrite et signée par Langloys, mais où ne se trouve ni le préambule latin, ni la formule de l'apposition du sceau de l'église de Saint-Benoît. On y trouve également une expédition sur parchemin, datée du 13 mai 1494 et signée de deux noms paraissent devoir être lus *Forage* et *G. Mauldoault*.

## XVI

### Villon et le roi d'Angleterre

(Récit de Rabelais [1].)

......... Car un des symptomes et accidens de peur, est que par luy ordinairement s'ouvre le guichet du serrail on quel est à temps la matiere fecale retenue.

......... Exemple autre, on roy d'Angleterre, Edouard le Quint : Maistre François Villon, banny de France, s'estoit vers luy retiré. Il l'avoit en si grande privaulté receu, que rien ne luy celoit des menues negoces de sa maison. Un jour le roy susdit, estant à ses affaires, monstra à Villon les armes de France en peincture, et luy dist : « Vois tu quelle reverence je « porte à tes roys françois. Ailleurs n'ay je leurs « armoiries qu'en ce retraict icy, pres ma selle per- « cée. » — « Sacre Dieu, respondit Villon, tant vous estes sage, prudent, entendu et curieux de vostre santé, et tant bien estes servy de vostre docte mede- cin, Thomas Linacer. Il, voyant que naturellement, sus vos vieulx jours, estiez constipé du ventre, et que journellement vous failloit au cul fourrer un apothy- caire, je dis un clistere, autrement ne pouviez vous esmeutir, vous a fait icy aptement, non ailleurs, peindre les armes de France, par singulière et ver- tueuse providence, car seulement les voyant, vous avez telle vezarde et peur si horrible, que soudain vous fiantez comme dix-huit bonases de Peonie. Si peinctes estoient en autre lieu de vostre maison, en vostre chambre, en vostre salle, en vostre chappelle,

---

1. Ce récit de Rabelais, de même que le suivant, fut publié pour la première fois en 1552.

en vos galleries, ou ailleurs, sacre Dieu, vous chieriez partout sus l'instant que les auriez veues. Et croy que si d'abondant vous aviez icy en peincture la grande oriflambe de France, à la veue d'icelle, vous rendriez les boyaulx du ventre par le fondement. Mais hen, hen, *atque iterum* hen :

> Ne suis je badault de Paris,
> De Paris, dis je, auprès Pontoise,
> Et d'une chorde d'une toise
> Sçaura mon coul que mon cul poise [1].

« Badault, dis-je, mal advisé, mal entendu, mal entendant, quant venant icy avec vous, m'esbahissois de ce qu'en vostre chambre vous estiez fait vos chausses detacher. Veritablement je pensois qu'en icelle, darrière la tapisserie ou en la venelle du lict, fust vostre selle percée. Autrement, me sembloit le cas grandement incongru, soy ainsi detacher en chambre pour si loing aller au retraict lignagier. N'est-ce pas un vray pensement de badaud? Le cas est fait par bien autre mystere, de par Dieu. Ainsi faisant bien, vous faites bien. Je dis si bien, que mieulx ne sçauriez. Faites vous à bonne heure, bien loing, bien à point detacher. Car à vous entrant icy, n'estant detaché; voyant cestes armoiries (notez bien tout); sacre Dieu, le fond de vos chausses feroit office de Lasanon pital, bassin fécal et de selle percée. »

(Rabelais, *Pantagruel*, l. IV, c. 67.)

---

[1]. Cette variante de l'épitaphe de Villon, ou plutôt son appropriation au prétendu voyage du poète en Angleterre, est l'œuvre de Rabelais.

## XVII

### Villon à Saint-Maixent

(Récit de Rabelais.)

*Comment, à l'exemple de maistre François Villon, le seigneur de Basché loue ses gens.*

Chiquanous issu du chasteau et remonté sus son esgue orbe (ainsi nommait sa jument borgne), Basché, sous la treille de son jardin secret, manda querir sa femme, ses damoiselles, tous ses gens; fit apporter vin de collation, associé d'un nombre de pastés, de jambons, de fruictz et fromaiges, beut avec eux en grande alaigresse, puis leur dist : « Maistre François Villon, sus ses vieux jours se retira à Saint-Maixent en Poitou, sous la faveur d'un homme de bien, abbé dudit lieu. Là, pour donner passe temps au peuple, entreprit faire jouer la Passion en gestes et langaige poictevin. Les rolles distribués, les joueurs recollés, le theatre preparé, dist au maire et eschevins que le mystere pourroit estre prest à l'issue des foires de Niort, restoit seulement trouver habillemens aptes aux personnages. Les maire et eschevins y donnèrent ordre. Il, pour un vieil paysant habiller qui jouoit Dieu le pere, requist frere Estienne Tappecoue, secretain des Cordeliers du lieu, luy prester une chappe et estolle. Tappecoue le refusa, alléguant que, par leurs statutz provinciaulx, estoit rigoureusement defendu rien bailler ou prester pour les jouans. Villon repliquoit que le statut concernoit farces, mommeries et jeuz dissoluz et qu'ainsi l'avait veu pratiquer à

Bruxelles [1] et ailleurs. Tappecoue, ce non obstant lui dist peremptoirement qu'ailleurs se pourveust, si bon luy sembloit; rien n'esperast de sa sacristie. Car rien n'en auroit sans faulte. Villon fit aux joueurs le rapport en grande abomination, adjoustant que de Tappecoue Dieu feroit vengeance et punition exemplaire bien tost.

Au samedy subsequent, Villon eut advertissement que Tappecoue, sus la poultre du couvent (ainsi nomment ilz une jument non encores saillie), estoit allé en queste à Saint-Ligaire, et qu'il seroit de retour sur les deux heures après midy. Adonc fist la monstre de la Diablerie parmy la ville et le marché. Ses diables estoient tout capparassonnés de peaulx de loups, de veaulx et de beliers, passementés de testes de mouton, de cornes de bœufz, et de grant havetz de cuisine, ceinctz de grosses courraies, esquelles pendirent grosses cymbales de vaches, et sonnettes de muletz à bruit horrifique. Tenoient en main aucuns bastons noirs plains de fusées; autres portoient longz tizons allumés, sur lesquelz à chascun carrefour jettoient plaines poignées de parasine en pouldre, dont sortoit feu et fumée terrible. Les avoir ainsi conduicts avec contentement du peuple et grande frayeur des petits enfans, finalement les mena banqueter en une cassine, hors la porte en laquelle est le chemin de Saint-Ligaire. Arrivans à la cassine, de loing il apperceut Tappecoue qui retournoit de queste, et leur dist en vers macaroniques :

« Hic est de patria, natus de gente belistra,
« Qui solet antiquo bribas portare bisacco. »

« Par la mort diene (dirent adonc les diables), il n'a
« voulu prester à Dieu le pere une pauvre chappe;

---

1. Ces paroles, attribuées par Rabelais à Villon, ont été considérées par certains commentateurs comme une preuve du séjour de maitre François en Brabant.

« faisons luy peur. » — « C'est bien dit, respont
« Villon : mais cachons nous jusques à ce qu'il passe,
« et chargez vos fusées et tizons. » Tappecoue arrivé
au lieu, tous sortirent on chemin au devant de luy,
en grand effroy jettans feu de tous coustés sus luy et
sa poultre, sonnans de leurs cymbales, et hurlans en
diable : « Hho, hho, hho, hho, brrrourrrourrrrrs,
« rrrourrrs, rrrourrrs. Hou, hou, hou. Hho, hho, hho,
« frère Estienne, faisons nous pas bien les diables. »
   La poultre, toute effrayée, se mit au trot, à petz, à
bondz et au gualot; à ruades, fressurades, doubles
pedalles et petarrades; tant qu'elle rua bas Tappecoue, quoy qu'il se tint à l'aube du bast de toutes ses
forces. Ses estrivieres estoient de chordes : du cousté
hors le montouoir, son soulier fenestré estoit si fort
entortillé qu'il ne le peut oncques tirer. Ainsi estoit
traisné à escorchecul par la poultre, toujours multi-
pliante en ruades contre luy, et fourvoyante de peur
par les hayes, buissons et fossés. De mode qu'elle luy
cobbit toute la teste, si que la cervelle en tomba pres la
Croix Osaniere, puis les bras en pieces, l'un ça l'autre
là, les jambes de mesmes; puis des boyaulx fit un
long carnaige, en sorte que la poultre au couvent
arrivante de luy ne portait que le pied droit et soulier entortillé.
   Villon, voyant advenu ce qu'il avait pourpensé,
dist à ses diables : « Vous jouerez bien, messieurs les
« diables, vous jouerez bien, je vous affie. O que vous
« jouerez bien! Je despite la Diablerie de Saulmur, de
« Doué, de Montmorillon, de Langés, de Saint-Espain,
« de Angiers; voire, par Dieu, de Poitiers, avec leur
« parlouoire, en cas qu'ilz puissent estre à vous par-
« ragonnés. O que vous jouerez bien! »

(Rabelais, *Pantagruel*, livre IV, c. 13.)

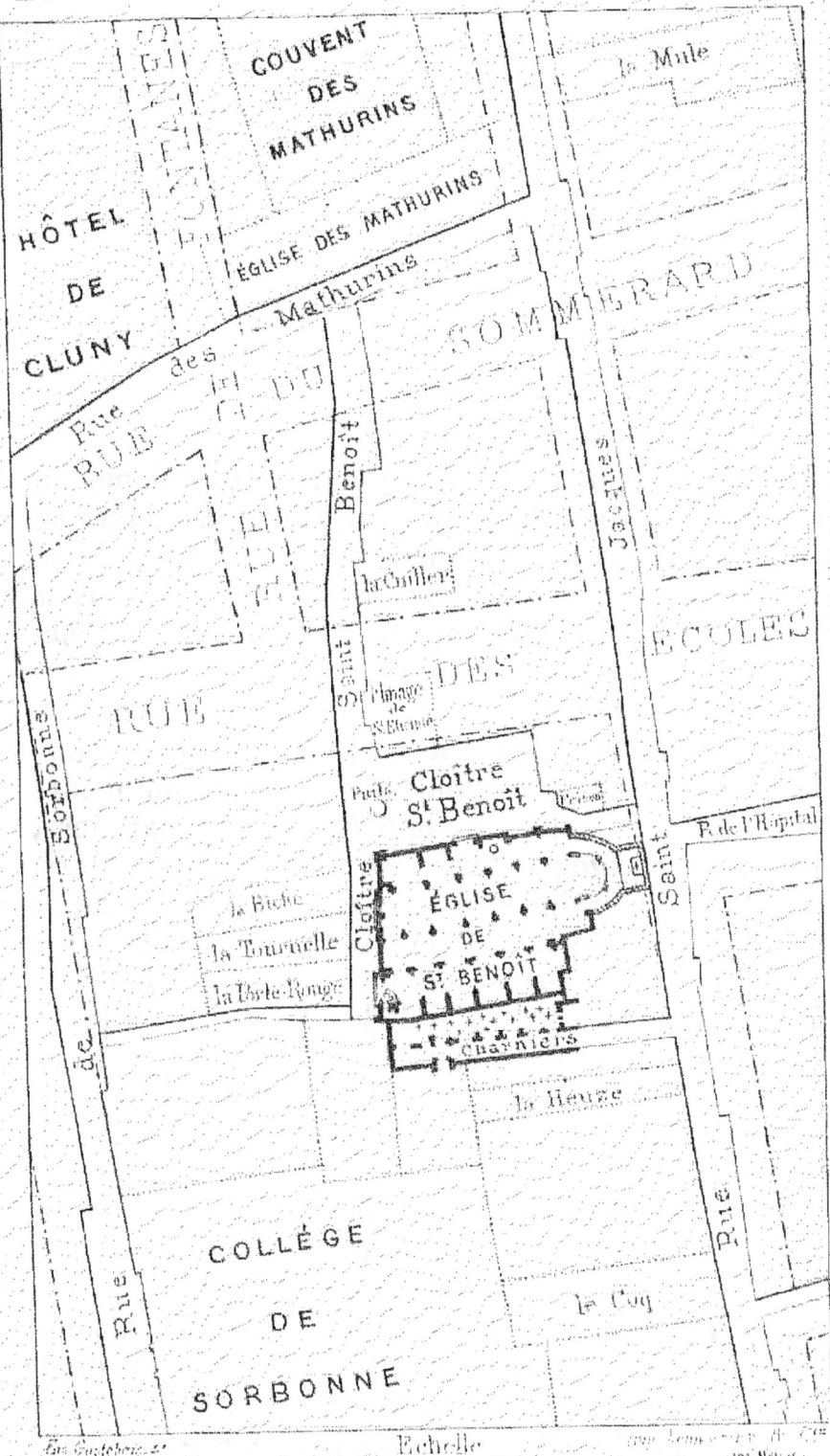

# NOTE EXPLICATIVE DU PLAN

Nous avons jugé utile de joindre à ce volume un plan des environs de l'église ou plutôt du cloître de Saint-Benoît, afin d'indiquer à nos lecteurs, d'une manière plus saisissable que par une description, la situation de plusieurs maisons, de plusieurs lieux mentionnés au cours de notre travail. Le lecteur y verra l'église de Saint-Benoît, sous le cadran de l'horloge de laquelle Villon eut, « en la grant rue Saint-Jacques, » cette altercation qui fit de lui un meurtrier. Dans le cloître de Saint-Benoît, il remarquera, dans une encoignure voisine de la rue Saint-Jacques, la prison de Saint-Benoît, dans laquelle Philippe Sermoise, l'adversaire et la victime du malheureux poète, rendit le dernier soupir. Il reconnaîtra l'emplacement précis de l'hôtel de la Porte-Rouge, la demeure de maître Guillaume de Villon, qui servit d'asile à notre auteur durant de longues années et qui, placée à l'extrémité sud-ouest du cloître, était distante d'une trentaine de mètres à peine du collége de Sorbonne dont François entendait sonner la cloche, pendant qu'en une froide nuit de décembre il écrivait, au moment de partir pour Angers, le petit poëme connu maintenant sous le nom de *Petit Testament.* Il y retrouvera aussi deux maisons voisines de la Porte-Rouge, l'hôtel de la Tournelle et l'hôtel de la Biche, nommées dans les pièces que nous publions, et il remarquera, dans le coin du cloître faisant face au puits, la maison de l'Image de Saint-Etienne, propriété d'Etienne de Montigny, l'un des chanoines de l'église de Saint-Benoît et l'oncle sans doute de Regnier, ce « noble homme, » dont Villon fut l'ami, et qui termina au gibet une vie des moins recommandables. Non loin de là, enfin, à quelques mètres vers le nord, il apercevra la maison de la Cuiller, que Guillaume de Villon vendit en 1454.

Hors du cloître, nous avons aussi marqué quelques maisons, telles que l'hôtel de la Heuze, situé dans la rue Saint-Jacques, au sud de Saint-Benoît, derrière lequel on trouvait, tenant au cloître, la maison qu'habitait maître Guillaume en 1431; la maison du Coq, sise un peu au-dessus, et sur laquelle ce même personnage possédait une rente annuelle de 40 sous parisis. Enfin, nous avons indiqué dans la partie inférieure de la rue Saint-Jacques, presque en face de l'église des Mathurins, l'emplacement de la taverne de la Mule, où maître François et ses complices dînèrent avant leur expédition du collége de Navarre, qui devait faire condamner le poète à la potence.

Nous avons dressé ce plan, est-il besoin de le dire, à l'aide du « plan parcellaire restitué, » qui forme l'atlas de la *Topographie historique du vieux Paris*, d'Adolphe Berty [1]; mais le tracé que nous empruntions à ce document qu'on ne saurait assez louer, ne pou-

---

[1]. C'est à peine si nous avons eu à nous écarter une fois de ce guide qu'on ne saurait assez louer; et, même, si nous avons substitué le nom de « Porte-Rouge », pour l'habitation de Guillaume de Villon, à celui de « Pomme Rouge » que lui donne Berty, c'est un devoir pour nous de reconnaître que le nom de « Pomme Rouge » figure dans les titres postérieurement à l'époque dont nous nous occupons. — La feuille du « plan parcellaire restitué » dont nous nous sommes servi, n'est pas encore livrée au public; elle nous a été communiquée par M. Tisserand, chef du bureau des travaux historiques de la ville de Paris, et nous le prions d'agréer ici nos sincères remerciements.

vait suffire à la plupart des lecteurs de notre opuscule, en raison des travaux qui, sous l'administration de M. Haussmann, ont complétement transformé ce coin de l'ancien Paris. Aussi, avons-nous cru devoir indiquer, à l'aide d'un pointillé long le tracé des rues actuelles et, pour rendre ce tracé plus sensible, nous avons teinté les îlots de constructions qui forment les nouvelles voies [1].

1. Nous avons hésité pendant quelque temps entre le tracé actuel de ces voies, que déparent encore quelques restes des anciens alignements, et le percement définitif, tel qu'il existera certainement dans quelques années; mais nous avons adopté ce dernier, qui nous semblait offrir le plus d'avantages, puisque notre livre n'est pas un livre d'actualité. Rappelons cependant que le côté oriental de la rue Fontanes, entre la rue Du Sommerard et la rue des Écoles, conserve encore aujourd'hui l'alignement tortueux de l'ancienne rue du Cloître-Saint-Benoît.

# TABLE DES NOMS DE PERSONNES

## ET DES NOMS DE LIEUX [1]

| | PAGES |
|---|---|
| ABREUVOIR-POPIN (l'), à Paris | 119 |
| ADAM (Geneviève) | 20 |
| AGUENIN | 130 |
| ALEXANDRE (Henri) | 142 |
| ALIPSON | 183 |
| ALLEMENT (Philippe) | 125 |
| AMERVAL (Eloi d') | 91 |
| ANGELOT l'herbier, ou Angelot Baugis | 124 |
| ANGENOST (Jean) | 107 |
| ANGENOULX | 107 |
| ANGERS | 30, 40, 44, 47, 50, 57, 60, 63, 65, 67, 80, 163, 169, 203, 205 |
| ANGLAIS (rue des), à Paris | 147 |
| ANGLETERRE (l') | 92, 93 |
| — (Edouard IV, et Edouard V, rois d') | 92, 199 |
| — (Jean Sans-Terre, roi d') | 93 |
| ANGLOIS (Robert l') | 22, 190, 198 |
| ANJOU (l') | 103 |

| | PAGES |
|---|---|
| ARC (Jeanne d') | 90 |
| ARGENTEUIL | 99 |
| ARLES | 144 |
| AUDRY (Simon) | 89 |
| AUGUSTINS (le couvent des), à Paris | 163, 164, 165, 167, 170, 172 |
| AUVERGNE (Martial d') | 108 |
| AUVERS, près Pontoise | 6, 8, 9, 10 |
| AUXIGNY (Thibaud d'), évêque d'Orléans | 86 |
| AVENEL (Jean) | 74 |
| AVIGNON | 144 |
| AVRANCHES (le diocèse d') | 198 |
| BACCON, en Orléanais | 86, 88 |
| BAGOU (Robert) | 139 |
| BAILLY (Crépin) | 20 |
| — (Jean de) | 139 |
| BAN (Jean du) | 136 |
| BARBIN | 75, 151, 171, 173 |
| BASANIER (Pierre le) | 101, 103, 106 |

---

1. Nous avons systématiquement omis dans cette table les noms des auteurs cités.

NOTA. — Tous les noms de famille précédés de l'article sont reportés à la lettre qui suit cette particule.

|  | PAGES |
|---|---|
| Basché (le seigneur de).... | 201 |
| Baude (frère), ou Baude de la Mare............ | 122, 189 |
| Baugis (Angelot), voyez Angelot l'herbier. | |
| Bavière (Madame de)..... | 144 |
| Baye, au diocèse de Châlons.................. | 24 |
| — (Nicolas le Crantinat, plus connu sous le nom de Nicolas de)...... | 24 |
| Bayeux (le diocèse de).... | 198 |
| — (l'évêque de). | 75, 172 |
| Beaurigout (Jean)........ | 100 |
| Beauvais (l'évêque de)... | 75, 171, 172, 173 |
| Beauvoir (le collège de).. | 195 |
| Becqueman (Jacques)..... | 189 |
| Belin.................. | 174 |
| Bellefaye (Martin). | 101, 105, 121 |
| Bernardins (les), à Paris, | 175, 177 |
| Voyez Saint-Bernard. | |
| Berry (le)................ | 82 |
| Berthelemi (Louis)....... | 190 |
| Bethizy (Catherine de).... | 189 |
| Biche (l'hôtel de la), au cloître de Saint-Benoît.. | 195, 205 |
| Billon (Guillaume le)...... | 17 |
| Blanche (Gervais)........ | 189 |
| Blaru (Jean de).......... | 121 |
| Boivin.................. | 150 |
| Bonny (Pierre de)........ | 146 |
| Bordeaux........ | 72, 89, 158 |
| Bouchier............... | 133 |

|  | PAGES |
|---|---|
| Boulogne (le bois de)..... | 69 |
| Boulogne-sur-Mer.. | 69 (note) |
| Bourbon (Charles I$^{er}$, duc de)................. | 85 |
| — (Jean, duc de).. | 7, 83 |
| — (Louis, bâtard de). | 85 |
| Bourbonnais (le)... | 28, 83, 84 |
| Bourdin (Michel).......... | 88 |
| Bourg-la-Reine, près Paris | 37 |
| Bourges............... | 71, 158 |
| — (le diocèse de)..... | 140 |
| Bourgogne (Charles, duc de)................. | 116 |
| — (Marie de)... | 82 |
| Bourrier (Robin)......... | 88 |
| Boyreau (Jean).......... | 193 |
| Boys (Jean du).......... | 189 |
| Brasseur (Laurent le)..... | 146 |
| Brice (Michel de)........ | 114 |
| Bruneau (Etienne)........ | 115 |
| — (Philippe)... | 114, 115 |
| Brunel (Philippe)........ | 115 |
| Bruxelles.............. | 202 |
| Bruyères (Gérard de).... | 189 |
| — (Isabelle de) | 114, 115, 188, 190 |
| Budé (Catherine)......... | 109 |
| — (Jacquette)......... | 119 |
| Bureau (Guillaume)....... | 189 |
| Bures, près Orsay........ | 71 |
| Byne (Colette la)......... | 198 |
| Calais (Jean de), auteur présumé du *Jardin de Plaisance*............... | 113 |
| — (Jean de), clerc, non marié................. | 113 |

|  | PAGES |
|---|---|
| CALAIS (Jean de), clerc natif du diocèse de Thérouanne | 113 |
| — (Jean de), échevin de Paris | 112, 113 |
| CALLES (Guillaume de) | 147 |
| — (Thomassin de) | 147 |
| CAMBRAI (Adam de) | 111 |
| — (Isabeau de) | 111 |
| CAMPANES (Guillaume de) | 52 |
|  | 143 |
| CANET | 189 |
| CANNES (le seigneur de), près Montereau | 114 |
| CARDON (Jacques) | 114, 115, 116 |
| CARMES (les) de la place Maubert, à Paris | 122, 123 |
|  | 189 |
| CAROS (Pierre) | 51, 140, 143 |
| CAUDEBEC | 118 |
| CAYEUX (Colin de) | 59, 60, 64, 65, 69, 70, 75, 76, 86, 161, 162, 163, 164, 171, 173 |
| — (Nicolas de) | 70 |
| CÉLESTINS (le couvent des), à Paris | 144 |
| — (l'église des), à Paris | 31 |
| CHAAGNY, aujourd'hui POURRAS | 38 |
| CHAALIS (l'abbé de) | 39, 175, 176, 177, 180, 181, 182, 184, 185, 186, 187 |
| CHAIRE (la taverne de la), au Petit-Port | 52, 164, 165 |
| CHALONS (le diocèse de) | 24 |

|  | PAGES |
|---|---|
| CHAMPAGNE (le collége de), dit de NAVARRE, voyez NAVARRE (le collége de) | 140 |
| CHAPPITAULT (Simon) | 62, 170 |
| CHARLES VI | 18, 129 |
| CHARLES VII | 35, 71, 110, 133, 137, 152 |
| CHARLIER (Jean), dit Gerson | 24 |
| CHARRUAU (Guillaume) | 121 |
| CHARTIER (Jean) | 110 |
| CHARTRES (le diocèse de) | 165 |
| CHATEAU (Nicole du) | 189 |
| CHATEAUFORT (Guillaume de) | 42, 51, 140, 146 |
| CHATELET DE PARIS (le) | 23, 34, 51, 58, 73, 75, 98, 101, 108, 124, 132, 138, 140, 146, 150, 151, 152, 158, 161, 165, 172 |
| CHERMOYE (Philippe) | 10, 134, 135 |
| CHEVALIER (Etienne) | 109, 110 |
| CHIEVRE (Jean) | 174 |
| CHIQUANOUS | 201 |
| CHOLET (Casin) | 60, 124, 125, 163 |
| CHRISTOPHE (saint) | 162 |
| CITEAUX (l'abbé de) | 39, 175, 176, 181, 184, 185, 188 |
| CLAIRVAUX (l'abbaye de) | 175 |
| CLAMANGES, au diocèse de Châlons | 24 |
| — (Nicolas de), où CLÉMANGIS | 24 |
| CLÉMANGIS, voir CLAMANGES (Nicolas de) | |

|                                         | PAGES    |
|-----------------------------------------|----------|
| CLERC (Guillaume le)....                | 88, 89   |
| — (Jean le)..........                   | 139      |
| — (Regnault le)......                   | 88, 89   |
| CLÉRY....................               | 88       |
| CLOCHE-PERCE (la), enseigne d'une maison de Paris | 49 |
| COIFFIER (Guillaume)..                  | 53, 55, 62, 67, 163, 165, 167, 168, 170 |
| COLOMBEL (Guillaume).....               | 111      |
| COLOMBES, au diocèse de Paris............ | 70     |
| COMBES.................                 | 174      |
| COMTE (le), ou COMITIS..                | 20       |
| COMTE (Denis le). 58, 62. 164, 170      |          |
| CONCIERGERIE (La), à Paris............. | 75, 170  |
| CONFLANS (Jean de). 13, 16, 25, 32, 33  |          |
| COQ (le)........                        | 175, 182, 187 |
| COQ (la maison du), rue Saint-Jacques........ | 20, 206 |
| CORBUEIL ou CORBEIL, nom attribué à tort à Villon, 5, 6, 7, 8, 13, 14 | |
| CORDELIERS (les), de Paris.             | 111      |
| CORDELIERS (les), de Saint-Maixent...... | 201     |
| CORNU (Jean le)......                   | 101, 106 |
| COSSONNERIE (rue de la), à Paris........ | 120     |
| COTARD (Jean)..........                 | 98, 99   |
| COURAULT (Andry)........                | 108      |
| COURCELLES (Thomas de).                 | 142, 143 |

|                                         | PAGES    |
|-----------------------------------------|----------|
| COUSINOT (Perrin)....                   | 147, 148 |
| COUTANCES (le diocèse de)..             | 198      |
| COUVELAIRE (Binet de)....               | 89       |
| CROIX (Alain de la).......              | 179      |
| CROIX-DU-TIROIR (la), à Paris............ | 147    |
| CROIX-HÉMON (la), à Paris............... | 188     |
| CROIX-OSANIÈRE (la), près Saint-Maixent.... | 93, 94, 203 |
| CUILLER (la maison de la), cloître Saint-Benoît. | 202, 06 |
| CUILLEREL (Hugues)...                   | 38, 183  |
| CUL-D'OE (Charles).......               | 113      |
| CUL-D'OE (Jean)..........               | 113      |
| CUL-D'OE (Michel). 11, 113, 120         |          |
| DAUPHINÉ (le)...........                | 84       |
| DAUVET.............                     | 175, 177 |
| DENISE, femme de Jean de Calais........ | 113    |
| DEPONS................                  | 187      |
| DICHE (Jean)..............              | 189      |
| DISOME..................                | 136      |
| DOUÉ...................                 | 203      |
| DRUGY..................                 | 183      |
| DUC (le)..............                  | 131, 195 |
| DUC (Jean le)... 21, 173, 174, 197      |          |
| ESCHIQUIER (Louis l').....              | 147      |
| ESPAIGNOL (Jacquemart l').              | 88       |
| ESTOUTEVILLE (Robert d'). 101, 102-104  |          |
| EVRARD (Guillaume)... 51, 140, 142, 143, 146 | |
| FERREBOUC (François)..                  | 62, 170  |
| FERRIÈRES-EN-BRIE........               | 105      |
| FILLON (Guillaume)........              | 17       |

| | PAGES | | PAGES |
|---|---|---|---|
| Fin (Jeanne de la). | 39, 40, 175-188 | Girard (Perrot). | 37 |
| Flament (Almet) | 147 | Gobelets (les), enseigne du quartier de Grève, à Paris | 120 |
| Flastrier (Etiennette). | 17, 196 | | |
| — (Jean). | 22, 23, 173, 174, 190-198 | Godin (Jacques), | 88 |
| | | Gossemart | 34 |
| Forage | 198 | Gossouin (Girard), l'aîné | 34 |
| Forêt (le seigneur de la) | 114 | Gossouin (Girard), le jeune | 34 |
| Fouquet | 135 | Gouvieux, près Senlis | 106 |
| Four (Jean du) | 51, 58, 140, 145, 150 | Grand (Jaquet le) | 150, 151, 156 |
| Four (Michault du). | 101, 107, 141, 146 | Grand-Godet (le), de la rue de la Cossonnerie | 120 |
| Fourbeur (Jean le) | 58, 164 | Grand-Godet de Grève (le), enseigne parisienne | 119 |
| Fournier (Jacques) | 108, note | | |
| — (Jacques), l'aîné. | 108 | Gras (Hugues le) | 88 |
| Fradin (Antoine) | 79 | Grève (la), l'un des quartiers de Paris | 119, 120 |
| François (Jean) | 100 | | |
| Gaillon (Roger de) | 140, 142, 143 | Grigny (le seigneur de). | 74, 109, 115 |
| Galerne (Colin) | 123 | Grosse-Margot (la), enseigne d'une taverne parisienne | 48, 49, 72, 131 |
| Galin (Colin) | 144 | | |
| Ganay | 74, 132, 188 | | |
| Génevois | 101, 107 | Guerrois (Etienne des) | 143 |
| — (Etienne) | 107 | Guienne (le duc de) | 116 |
| — (Pierre) | 107 | Guiscriff, en Cornouaille. | 24 |
| Gentilly | 18 | Guiscry (Jean de) | 24 |
| Gentilly (l'église de), près Paris | 17, 128, 129 | Hamel (Huguette du) | 38-41, 175-188 |
| Gérard (Tassine) | 179 | Harcourt (Isabeau d') | 85 |
| Germain (Simon) | 143 | Hardy (Jean) | 116 |
| Gerson, près Rethel | 24 | Harpe (rue de la), à Paris, | 121, 193 |
| — (Jean Charlier dit) | 24 | | |
| Gibert (Pierre) | 198 | Haye (Etienne de la) | 189 |
| Gigon (Jacques) | 189 | Hébert (Pierre) | 189 |
| Gilles | 134, 137 | Henri [Cousin] | 45 |

| | PAGES | | PAGES |
|---|---|---|---|
| Hesdin. 177, 184, 186, 187, 188 | | Laurens (Colin)............ | 134 |
| Hesselin (Denis)..... 120, 125 | | — (Jean)... 58, 98, 101, 164 | |
| Heuze (la maison de la), rue de la Harpe.......... | 124 | Legier (Robinet).......... | 89 |
| Heuze (la maison de la), rue Saint-Jacques.... 19, 206 | | Leu (Gratien le).......... | 189 |
| | | Linacer (Thomas).. 92, 94, 189 | |
| Hotel-Dieu (l'), de Paris, 36, 135, 138 | | Lisieux (le diocèse de).... | 198 |
| | | Loges (les).............. | 23 |
| Houppelande (Guillaume).. | 34 | Loges (François des), autrement dit de Villon. 10 et ss, 133-136 | |
| Huchette (rue de la)..... | 165 | | |
| Hugote (Jeanneton)....... | 109 | | |
| Huguette................ | 194 | — (l'hôtel royal des), dans la forêt de Saint-Germain..... 17, 24, 25, 118 | |
| Isabeau................ 134, 137 | | | |
| Isabeau (la reine)......... | 118 | | |
| Jaquet (Louis),............ | 190 | — (Jean des).......... | 23 |
| Jasquières (Alardine de).. | 179 | Loges-en-Josas (Les)..... | 24 |
| Jean (Petit-)... 54, 56, 57, 59, 65, 161, 162, 164, 168, 169 | | Lombards (rue des), à Paris.................. | 116 |
| Jean-Painmollet (rue), à Paris................ | 109 | Longue-Allée (la maison de la)................ | 188 |
| Joly (Marguerite)......... | 123 | Longue-Épée (Lambin)... | 147 |
| Joly (Noël le)............ | 45 | Loré (Ambrois de). 102, note | |
| Jouvenel (Jean)......... | 116 | — (Ambroise de).. 102-105 | |
| Jouvenel (Michel).... 114, 115 | | Louis XI.................. 88, 89, 91, 110, 111, 114, 116 | |
| Juiverie (rue de la), à Paris.. ..... 54. 123, 147, 166 | | Loup (Jean le)............ | 124 |
| | | — (Jean le), boulanger. | 125 |
| Lac (Jean du), dit Baubignon................. | 100 | — (Jean le), l'aîné et le jeune............... | 125 |
| Laleu (Pierre de)........ | 189 | | |
| Lamote... ......... 171, 172 | | Louvel (Guillaume)....... | 189 |
| Langeais... ....... | 203 | Louviers (Charles de).... | 115 |
| Langres (le diocèse de)... | 140 | — (Jean de)......... | 114 |
| — (Michelle de). 38, 177 | | — (Nicolas de). 43, 111, 113, 114 | |
| Launay (Jean de)........ | 189 | | |
| Launoy (Nicolas ou Jean de). ...... 74, 157, 159, 160 | | Luillier................ 132, 151 | |
| | | Madeleine (l'église de la), | |

|  | PAGES |  | PAGES |
|---|---|---|---|
| en la Cité, à Paris | 123 | DI | 35, 134, 138 |
| MAIREBEUF | 114, 116 | MEREBEUF (Pierre) | 116 |
| MAISTRE (Baude le) | 39, 175. | MERLE (Germain de) | 117 |
| 176, 177, 181, 183, 184, 185, 186, 187 | | — (Jean de) | 114, 117 |
| MAQUEREAU | 179 | METZ (Guillebert de) | 31 |
| MARCEAU (Jean) | 34 | MEUNG-SUR-LOIRE | 65, 79, 86-91 |
| MARCHAND (Pierre), prieur de Paray, 52 et ss, 63, 65, 163, 164, 165, 169 | | MICHAULT | 83 |
| | | MILLIÈRES (Jeanneton de) | 109 |
| MARCHAND (Ythier) | 114, 116, 117 | MOINE-MORT (le tenement du), à Saint-Maixent | 93, 21 |
| MARCHE (le collége de la) | 189 | MONCEAUX (Guillaume de) | 189 |
| MARCHE (G. de la) | 20 | MONNET (Jean) | 189 |
| MARE (Baude de la), voyez BAUDE (frère). | | MONTAIGU (Gérard de) | 18, 129 |
| | | MONTCORBIER en Bourbonnais | 29 |
| MARES (Jean des), autrement dit de Paris | 144 | — (François de), 12, le même que le poëte Villon | |
| MARGOT (la grosse), voyez GROSSE-MARGOT (la). | | — (Girard de) | 28 |
| MARLE (Guillaume de) | 17, 127, 129, 130 | MONTERBIER (François de) | 11 et ss |
| MASCHECROUE (la) | 124 | MONTFAUCON (le gibet de) | 74 |
| MASSON (Guillaume) | 189 | MONTIGNY (Etienne de) | 62, 70, 170, 206 |
| MATHURINS (l'église des), à Paris. 55, 59, 147, 161, 163, 168, 206 | | — (le fief de) | 74, 72 |
| | | — (le gibet de) | 74 |
| MAUBERT (la place), à Paris | 116, 123, 147 | — (Jean de) | 71, 152, 158 |
| MAULDOAULT (G) | 198 | — (Jeanne de) | 153 |
| MAUTAINT (Jean). 54, 101, 103, 106, 140, 145 | | — (Regnier de) | 48, 69, 70, 71-74, 75, 131-133, 150-169 |
| MEAUX | 89 | | |
| — (le diocèse de) | 122 | | |
| MELLET (Jean) | 189 | MONTIGNY-LENCOUP (Remy, seigneur de) | 74 |
| MERDI (Jean le), ou le MAR- | | | |

|  | PAGES |
|---|---|
| MONTMARTRE (l'abbesse de). | 133 |
| MONTMORILLON............ | 203 |
| MONTPIPEAU.............. | 76, 86 |
| MONTROUGE, près Paris.... | 193 |
| MORET (Jean).....  18, | 127-130 |
| MOTON (l'hôtel de), ou sans doute du MOUTON.. | 157 |
| MOUFFLE (l'hôtel de la)... | 153 |
| MOUTON (Michel)......... | 135 |
| MULE (la taverne de la), à Paris............ 59, 161, | 206 |
| NANTERRE ............... | 182 |
| NAVARRE (le collége de) 33, 42, 43, 50, 56, 59, 67, 75, 139-150, 161, 162, 168, 170, 172, | 206 |
| NEUX (François des)...... | 189 |
| NEVERS (l'église cathédrale de)................... | 140 |
| NICOLAS (Dom).... 59, 161, | 162 |
| NIGEON (le château de), près Paris............. | 109 |
| NIORT................... | 204 |
| NOIR (Hugues le)......... | 93 |
| NORMANDIE (la)....... 75, | 119 |
| NORMENT (Geoffroy)...... | 146 |
| NOTRE-DAME (l'église), à Paris....... 17, 54, 114, | 166 |
| NOTRE-DAME-DES-CHAMPS, hors Paris............. | 195 |
| NYVERT (Jacques)........ | 189 |
| OFFICIALITÉ (l') de Paris.. 58, 62, 98-101, 120, 121, | 123 |
| OLIVIER (Alain)... 51, 140, | 143 |
| ORACE................. | 29 |
| ORIGNY (Pierre d')........ | 174 |
| ORLÉANS. ............ | 88 |

|  | PAGES |
|---|---|
| ORLÉANS (Charles, duc d'). | 80 |
| — (l'évêque d'); voyez AUXIGNY (Thibaud d') | |
| — (Marie d')........ | 82 |
| PANURGE................ | 33 |
| PAQUOT (Etienne).. 51, 141, | 146 |
| PARAY-LE-MONIAU, près d'Ablis (Pierre Marchand, prieur de); voyez MARCHAND (Pierre) | |
| PARIS................. | passim |
| — (les échevins de). | 111-114 |
| — (les élus de).... 110, | 111 |
| — (l'évêque de).... 18, 131-133, 151, 160, 167, | 171 |
| — (le prévôt de).... 72 78, 131, 136. 157, | 160 |
| — (Jean des Mares, dit de)................... | 144 |
| PARLEMENT (le) 9, 18, 64, 73, 74, 75, 77, 98, 108, 109, 111, 113, 115, 121, 127-133, 150-151, 156-160, 171-172, | 175-188 |
| PASSY (la chapelle de), en l'église de Saint-Gervais.. | 140 |
| PENSOT (Thevenin), ou PENSETÉ............... 72, | 156 |
| PERDRIER (François)... 83, 114, | 118 |
| — (Guillaume)..... | 118 |
| — (Henri)......... | 107 |
| — (Jean)........ | 114-118 |
| PET-AU-DIABLE (le roman du) | 53 |
| PETIT-PONT (le), à Paris.. 52, | 164, 165 |

| | PAGES | | PAGES |
|---|---|---|---|
| Philippe-Auguste | 93 | Port-Royal (le Petit), ou Pourras) | 38 |
| Picotté (Jean le) | 89 | Pourras (l'abbesse de) | 37 |
| Pinot | 174 | Pourras (le Petit), c<sup>ne</sup> d'Orphin | 38 |
| Piquehoe (le moulin à vent de) | 195 | Pousterel (Laurent).. 51, 140, 141. 142, 143, 146 | |
| Pleix (Mathieu du) | 132 | | |
| Poirées (rue des) | 70 | Pré-Corbier (le), en Bourbonnais | 29 |
| Poitiers | 72, 153-203 | | |
| — (le diocèse de) | 108 | Prenant (Jean) | 144 |
| Poitou (le) | 80 | Prêtre (le Chemin au) | 195 |
| Poligny | 183 | Quinze-Vingts (l'église des) | 73, 152 |
| Pomme-de-Pin (la taverne de la).. 25, 54, 119, 123, 166 | | | |
| Pomme-Rouge (l'hôtel de la), au cloître de Saint-Benoît | 205 | Rabelais | 77, 93, 123 |
| | | Raguier (Antoine) | 118 |
| | | — (Jacques)... 114, 118, 119 | |
| Pommier (Guillaume) | 124 | | |
| Pont-au-Change (le), à Paris | 121 | — (Jean).. 101, 114. 118, 119 | |
| Pont-aux-Dames (l'abbaye de) | 39, 179, 184 | — (Lubin) | 71 |
| | | Rebours (Jean) | 58, 164 |
| — (l'abbesse de) | 180, 187 | Regnauld (Hugues) | 107 |
| | | Reims | 88 |
| | | René (le roi) | 103, 104 |
| Ponters (les), en Bourbonnais | 28 | Richier (Denis) | 101 |
| | | Ridoin (Pirard) | 88 |
| Popaincourt | 158 | Robinet (Pierre) | 19 |
| Poret (Casin) | 141, 145, 147, 148 | Roches (Robert des) | 144 |
| | | Rosay (Jean) | 131, 133 |
| Porte (Robert de la).. 55, 57, 165, 167, 169 | | Rose | 41 |
| | | Rosnel (Nicolas).. 101, 103, 106 | |
| Porte-Rouge (l'hôtel de la), au cloître Saint-Benoît... 19, 22, 173, 174, 205 | | Rotro (Jean) | 198 |
| | | Rouen | 72, 151 |
| | | — (l'archevêque de) | 75, 172 |
| Port-Royal (l'abbaye et l'abbesse de). 38-41, 175-188 | | Rousseville (Pierre de) | 101, 106 |

|  | PAGES |
|---|---|
| Roussillon, en Dauphiné. | 84, 85 |
| — (le), province. | 84 |
| Ru (J. de). | 20 |
| Rue-Neuve (la), en Bourbonnais. | 29 |
| Rueil. | 75 |
| Rully de Saint-Gengon, (Jean de). | 175 |
| Saige (Michelet le). | 88 |
| Saint-Amand (Pierre de). | 109 |
| Saint-Antoine, (rue), à Paris | 147 |
| Saint-Antoine-des-Champs (l'abbesse de). | 184, 187 |
| Saint-Benoit-le-Bétourné (les chanoines de). | 42, 70, 194, 206 |
| — (le cloître de). | 10, 19, 35, 42, 44, 70, 133, 173, 174, 205-207 |
| — (la communauté de). | 20, 193 |
| — (l'église de). | 17, 19, 22, 23, 35, 133, 137, 190, 205 |
| — (la paroisse de). | 191 |
| — (les prisons de). | 36, 135, 138 |
| Saint-Bernard (le couvent de), à Paris, 178 ; voyez Bernardins (les) | |
| Saint-Bon (rue), à Paris. | 109 |
| Saint-Denis (rue), à Paris. | 144 |
| Saint-Epain. | 203 |
| Saint-Étienne (la maison de); au cloître de Saint-Benoît. | 71, 206 |

|  | PAGES |
|---|---|
| Saint-Étienne-des-Prés, l'église de). | 43 |
| Sainte-Geneviève (l'abbé de). | 18, 128, 130 |
| Saint-Géneroux. | 80 |
| Saint-Germain (le fossé), à Paris. | 147 |
| Saint-Germain-des-Prés près Paris. | 56, 107, 168, 169 |
| Saint-Germain-l'Auxerrois (l'église de), à Paris. | 105, 132 |
| Saint-Germain-le-Vieux (l'église de), en la Cité, à Paris. | 124 |
| Saint-Gervais (l'église), à Paris. | 140 |
| Saints-Innocents (l'église des), de Paris. | 114, 118 |
| Saint-Jacques (rue), à Paris. | 19, 20, 22, 35, 43, 133, 137, 147, 190, 191, 193, 206 |
| Saint-Jacques-de-Compostelle. | 73, 155 |
| Saint-Jacques-de-la-Boucherie (l'église de). | 120 |
| Saint-Jacques-de-la-Boucherie (rue), à Paris. | 147 |
| Saint-Jean-en-Grève (le cimetière de). | 72, 147, 157 |
| Saint-Jean-en-Grève (l'église de). | 73, 74, 113, 151, 153, 160 |
| Saint-Julien-de-Vouvantes. | 80 |
| Saint-Laurent-lès-Paris | |

| | PAGES | | PAGES |
|---|---|---|---|
| (la paroisse de).......... | 74 | SORBONNE (le collége de).. | 19, 33, 42 |
| SAINT-LEU-D'ESSERENT. | 75, 76, 171, 172 | SOREL (Agnès)............ | 110 |
| SAINT-LIGAIRE............ | 202 | SOURD (Jean le).......... | 153 |
| SAINT-MAIXENT........ | 93, 201 | TABARIE (Guy). | 52-62, 63, 65, 69, 125, 160-171 |
| SAINT-NICOLAS-DES-CHAMPS (la paroisse de), lès Paris............... | 100 | TAILLEFER (Jean)......... | 144 |
| | | TAILLELAMINE............. | 131 |
| SAINT-POURÇAIN, sur la Sioule............. | 12, 136 | TAPPECQUE (Etienne). | 94, 201 |
| | | TARANNE. ............... | 155 |
| SAINT-RIQUIER (l'abbé de). | 183 | TARANNE (Charles).... | 114, 120 |
| SAINT-SATUR, sous Sancerre............... | 83 | TARTEREAU (Quentin)..... | 189 |
| | | THÉROUANNE (le diocèse de) | 113 |
| SAINT-SÉPULCRE (l'église du), à Paris........... | 193 | THIBAUD (PETIT-). | 54, 57, 61, 65, 164, 165, 167, 168, 169, 170 |
| SAINT-SIMON (Robert de).. | 59, 61, 162, 163 | THIONVILLE (le seigneur de)............... | 118 |
| SAINT-VICTOR (rue), à Paris............... | 188 | THOIRE (Humbert VII, seigneur de) et de Villars. | 85 |
| SALLE (Henri de la)....... | 88 | THUMERY (Regnauld de)... | 115 |
| SANCERRE................ | 83 | TOURDEUR (Girardin le)... | 88 |
| SARRÉ (Thibaud). ........ | 132 | TOURNAY................ | 144 |
| SAULX (Guilhem).......... | 89 | TOURNAY (Jean de)....... | 141 |
| SAUMUR................ | 103, 203 | TOURNELLE (l'hôtel de la), au cloître Saint-Benoit.. | 174, 195, 205 |
| SEGUIER (Girard). .. | 175, 176, 177, 180, 182, 186 | | |
| | | TOURS......... | 72, 151 |
| SÉNÉCHAL (le)............ | 85 | TOUSSY.... .......... | 131 |
| SENLIS (l'évêque de). | 75, 171, 172, 173 | TRÉGUIER (le diocèse de).. | 35 |
| | | TRICOT (Thomas)..... | 121, 122 |
| SENLIS (le prévôt de). | 75, 172, 173 | TRINQUETAILLE............ | 144 |
| SERMOISE (Philippe).... | 11, 35, 66, 137, 138, 205 | TROIS-CHANDELIERS (l'hôtel des), rue de la Huchette............... | 165 |
| SIMON.................. | 158 | | |
| SOHIER (Guillaume).... | 58, 104 | TROYES (le bailli de)...... | 116 |
| SOISSONS (le grènetier de). | 119 | TRUANDERIE (la), à Paris.. | 23 |

| | PAGES |
|---|---|
| Truisy | 171 |
| Truisy (Jean) | 58 |
| Tuleu (Robert) | 62, 170 |
| Turgis (Christophe) | 74 |
| — (Robin ou Robert) | 25, 54, 75 |
| Turtehen (Jean) | 147 |
| Université (l') de Paris | 12, 31, 34, 140 |
| Vacquerie (François de la) | 58, 62, 98, 99-100, 115, 164, 170, 189 |
| Valée (Jean) | 189 |
| — (Robert) | 108, 121 |
| Valengelier | 155 |
| Valette (Jean) | 101 |
| Vasline (Germain) | 194 |
| Vaubelon (Colette de) | 71, 152 |
| Vaucel (Jean du) | 43 |
| — (Pierre du) | 42, 43, 44, 142, 143, 146 |
| Vausselles (Catherine de) | 41-48, 67, 78, 117 |
| Vautier (Jean) | 198 |
| Vaux-de-Cernay (l'abbé de) | 175, 179, 181 |

| | PAGES |
|---|---|
| Viant | 171, 173 |
| Vielz-Chastel (Huguette de) | 115 |
| Ville-d'Avray | 109 |
| Villiers (Pierre de) | 21 |
| Villon, village voisin de Tonnerre | 15, 17, 24, 196 |
| — (François) | 1-126, 133-139, 161, 162, 164, 169, 170, 199-203, 205, 206 |
| — (Guillaume de) | 11, 16-23, 24, 31, 35, 46, 91, 127-130, 173, 174, 192, 195, 196, 201 |
| — (la mère de) | 30, 31, 46, 90 |
| Viry (Pierre de) | 175 |
| Volant | 114, 120 |
| — (Guillaume), père et fils | 120, 121 |
| — (Jean) | 121 |
| — (Simon) | 120 |
| Wasset (Jean) | 34 |
| Wastines (Pierrard de) | 88 |

# TABLE DES MATIÈRES

Avant-Propos. . . . . . . . . . . . . . . . 1.

I. Le nom de Villon. — Le véritable nom de Villon. — Épitaphe qui donne à Villon le nom de Corbueil ou plutôt Corbeil. — Maître François des Loges, autrement dit de Villon, le même que François de Montcorbier. — François de Montcorbier, élève de l'Université de Paris. — Maître Guillaume de Villon, chapelain de Saint-Benoît-le-Bétourné, et Jean Flastrier, son neveu. . . . . . . 4.

II. La famille et le premier exil de Villon. — La date de la naissance de Villon. — La famille bourbonnaise de Montcorbier. — Les parents de Villon. — Ses études à l'Université de Paris. — Ses élèves. — Le meurtre de Philippe Chermoye. — Le bannissement. — La repue franche de Bourg-la-Reine. — L'abbesse de Port-Royal. — Retour de Villon à Paris. — Catherine de Vausselles. — La grosse Margot. . . . . . . . . . . . . . . 26.

III. Les exploits d'une bande de voleurs. — Les débuts de l'enquête judiciaire. — Maître Guy Tabarie et le prieur de Paray. — L'interrogatoire de Tabarie. . . . . . . . . . 50.

IV. Villon devant la justice. — La condamnation à mort. — L'appel au Parlement. — Le second exil. — Coup d'œil en arrière : les repues franches, les amours de Villon, Colin de Cayeux et Regnier de Montigny. . . . . . . . . . . . 63.

V. Villon errant. — Villon était-il banni du royaume? — Villon en Poitou. — La cour du duc d'Orléans. — Villon en Berry. — Ses relations avec les princes de la maison de Bourbon. — La prison de Meung-sur-Loire. — La délivrance. — État moral de Villon en 1461. — Les anecdotes rabelaisiennes par Villon. 76.

VI. Les légataires de Villon. — Dès le temps de Clément Marot, on ne comprend plus les allusions de Villon. — L'officialité.

— La ballade composée pour le prévôt de Paris. — Le Châtelet. — Le Parlement. — Le Trésor royal. — Les élus. — Les échevins. — Les bourgeois. — Les écoliers contemporains de Villon. — Frère Baude de la Mare. — Les gens de métier. . . . 96.

## PIÈCES JUSTIFICATIVES.

I. Procès en la Cour de Parlement entre maître Guillaume de Villon et Jean Moret, relativement à la chapelle de Notre-Dame de Gentilly (19 juillet 1425. — 12 janvier 1429). . . . . 127.

II. Arrêt du Parlement adjugeant la possession de la chapellenie de Notre-Dame de Gentilly à maître Guillaume de Villon en attendant l'issue du procès. (22 janvier 1429). . . . . . 128.

III. Plaidoiries, en la Cour de Parlement, au sujet de Regnier de Montigny, que l'évêque de Paris reclamait comme clerc (21 août 1452). . . . . . . . . . . . . . . 131.

IV. Lettres de rémission accordées par le roi Charles VII à maître François des Loges, autrement dit de Villon, convaincu de meurtre sur la personne de Philippe Chermoye, prêtre (janvier 1455). 133.

V. Lettres de rémission accordées par le roi Charles VII à maître François de Montcorbier, coupable du meurtre de Philippe Sermoise, prêtre (janvier 1456). . . . . . . . . . 137.

VI. Enquête faite par Jean Mautaint et Jean du Four, examinateurs au Châtelet de Paris, au sujet d'un vol commis au collége de Navarre (9-10 mars 1457). . . . . . . . . 139.

VII. Débats en cour de Parlement au sujet de Regnier de Montigny, accusé de vol sacrilége et réclamé par l'évêque de Paris (24 août 1457). . . . . . . . . . . . 150.

VIII. Lettres de rémission acccordées par le roi Charles VII, à Regnier de Montigny (septembre 1457). . . . . . 152.

IX. Plaidoiries en cour de Parlement, au sujet de la demande d'entérinement des lettres de rémission accordées à Regnier de Montigny (10 septembre 1457). . . . . . . 156.

X. Interrogatoire de maître Guy Tabarie, par devant l'official de Paris (22 juillet 1458). . . . . . . . 160.

XI. Débats, en la cour de Parlement, entre l'évêque de Senlis et celui de Beauvais, au sujet de Colin de Cayeux (23 septembre 1460) 171.

XII. Extraits d'un ancien inventaire et titres de la communauté de Saint-Benoît-le-Bétourné. (Ces extraits se rapportent à la maison que maître Guillaume de Villon habitait au cloître de Saint-Benoît.) (1433-1468). . . . . . . . . . . . . 173.

XIII. Plaidoiries, en la cour de Parlement, au sujet de la possession de l'abbaye de Port-Royal, réclamée à la fin par Huguette du Hamel et Jeanne de la Fin. (15 et 19 décembre 1469, 11 janvier 1470). . . . . . . . . . . . . 175.

XIV. Damoiselle Ysabelle de Bruyères est mise en possession de la maison de la Longue-Allée, sise rue Saint-Victor, à Paris (27 août 1471). . . . . . . . . . . . . 188.

XV. Testament de Jean Flastrier, neveu de feu maître Guillaume de Villon (22-26 novembre 1481). . . . . . . 190.

XVI. Villon et le roi d'Angleterre. (récit de Rabelais). 199.

XVII. Villon à Saint-Maixent (récit de Rabelais). . . 201.

NOTE EXPLICATIVE DU PLAN. . . . . . . . . 205.
TABLE DES NOMS DE PERSONNES ET DES NOMS DE LIEUX. 209.
TABLE DES MATIÈRES. . . . . . . . . . . 221.
ERRATA. . . . . . . . . . . . . . 223.

# ERRATA

Page 9, ligne 17, au lieu de *n'en*, lisez *d'en*.

Page 91, note 3, ligne 4, au lieu de *forcer*, lisez *farcer*.

Page 93, ligne avant-dernière, Le tenement dont nous parlons se nommait le *tenement du Moine-Mort* ; ce renseignement est indispensable pour l'intelligence de la note.

Page 129, ligne 9, enlever la virgule après *actor*.

Page 129, ligne 21, placer *ne* entre deux virgules.

Page 153, ligne 11, au lieu de *vauloist*, lisez *vaulsist*.

www.ingramcontent.com/pod-product-compliance
Lightning Source LLC
Chambersburg PA
CBHW051921160426
**43198CB00012B/1992**